高水平创新型省份建设的路径与机制研究
——以浙江省为例

王立军◎著

GAOSHUIPING
CHUANGXINXING SHENGFEN JIANSHE DE
LUJING YU JIZHI YANJIU

企业管理出版社
ENTERPRISE MANAGEMENT PUBLISHING HOUSE

图书在版编目（CIP）数据

高水平创新型省份建设的路径与机制研究：以浙江省为例 / 王立军著 . — 北京：企业管理出版社，2021.8

ISBN 978-7-5164-2425-4

Ⅰ.①高… Ⅱ.①王… Ⅲ.①区域经济 – 技术革新 – 研究 – 浙江 Ⅳ.① F127.55

中国版本图书馆 CIP 数据核字（2021）第 128923 号

书　　名：	高水平创新型省份建设的路径与机制研究——以浙江省为例
书　　号：	ISBN 978-7-5164-2425-4
作　　者：	王立军
策划编辑：	刘一玲
责任编辑：	侯春霞
出版发行：	企业管理出版社
经　　销：	新华书店
地　　址：	北京市海淀区紫竹院南路 17 号　　邮编：100048
网　　址：	http://www.emph.cn　　　　电子信箱：liuyiling0434@163.com
电　　话：	编辑部（010）68420309　　发行部（010）68701816
印　　刷：	北京市青云兴业印刷有限公司
版　　次：	2021 年 12 月第 1 版
印　　次：	2021 年 12 月第 1 次印刷
开　　本：	710mm×1000mm　　1/16
印　　张：	14.5 印张
字　　数：	190 千字
定　　价：	68.00 元

版权所有　翻印必究·印装有误　负责调换

前　言

本书缘起于笔者主持的浙江省政府重大委托课题"高水平建设创新型省份的路径和对策研究"（同时列为浙江省软科学研究计划重大项目，编号：2021C15004）。近年来，笔者相继承担了浙江省发展和改革委员会长三角高质量一体化发展重点研究课题"长三角关键技术协同攻关机制研究"、浙江省软科学研究计划重点项目"完善区域知识产权金融服务推进机制的对策研究"（编号：2016C25060）、江苏省科学技术战略发展研究院委托课题"长三角联合开展关键技术攻关的实施路径研究"，以及中共嘉善县委推进县域科学发展示范点建设办公室委托课题"从创新理论看嘉善的区域创新"。笔者在总结整理之前的成果并开展新的研究的基础上完成了此书。

2020年6月17日至18日，中共浙江省委十四届七次全体（扩大）会议在杭州举行。全会强调，建设"重要窗口"是一项非常光荣的使命，是一场向习近平总书记和党中央、向人民、向历史交出高分答卷的新时代"赶考"。全会强调，我们要坚定不移沿着"八八战略"指引的路子走下去，聚焦制度优越性，认清任务艰巨性，突出整体协同性，激发创新创造性，体现群众主体性，注重实践可行性，努力建设好10个方面"重要窗口"，加快形成13项具有中国气派和浙江辨识度的重大标志性成果。其中一项重大标志性成果就是"建设高素质强大人才队伍，打造高水平创新型省份"。《浙江省国民经济和社会发展第十四个五年规划和二〇三五年远景目标纲要》也明确提出："实施人才强省、创新强省首位战略，加快建设高水平创新型省份。"本书就是对浙江省建设高水平创新型省份的一个实证研究。

本书第一篇是总论，对习近平同志有关浙江省建设创新型省份的战略部署，以及浙江省历届省委省政府一张蓝图干到底的创新型省份建设实践进行了分析，并提出了浙江省高水平创新型省份建设的思路。第二篇是比较研究，分析了主要创新型国家日本和德国的经验，以及广东、江苏等兄弟省份的经验。第三篇是路径研究，从创建综合性国家科学中心、培育新型研发机构、提升企业创新能力、打造三大创新高地和完善创新空间布局五个方面，研究高水平创新型省份建设的路径。第四篇是机制研究，包括科技体制改革，完善科技金融服务推进机制和长三角关键技术协同攻关机制等内容。

王立军
2021 年 8 月 4 日

目 录

第一篇 总 论

第一章 创新型省份战略的提出 / 1

一、浙江建成创新型省份的战略部署 …………………（1）

二、推进浙江建设创新型省份的主要举措 ……………（4）

第二章 浙江创新型省份建设的实践 / 12

一、一张蓝图干到底的创新型省份建设 ………………（12）

二、创新型省份建设成效 …………………………………（16）

三、高水平建设创新型省份的问题与难点 ……………（20）

第三章 打造高水平创新型省份的思路 / 24

一、高水平创新型省份建设的评价体系 ………………（24）

二、高水平创新型省份建设的总体思路 ………………（38）

三、高水平创新型省份建设的目标 ……………………（40）

四、高水平创新型省份建设的主要任务 ………………（43）

五、高水平创新型省份建设的对策建议 ………………（58）

第二篇 比较研究

第四章 创新型国家经验 / 69

一、日本产学研结合创新发展的实践 …………………（69）

二、德国先进制造业创新发展的实践 …………………（79）

三、几点启示 ……………………………………………（85）

第五章 兄弟省份科技创新的经验 / 89

一、广东省科技创新的经验 ……………………………（89）

二、江苏省科技创新的经验 ……………………………（100）

第三篇 路径研究

第六章 创建综合性国家科学中心 / 109

一、杭州具备创建综合性国家科学中心的基础 ………（109）

二、四大综合性国家科学中心建设经验 ………………（112）

三、对策建议 ……………………………………………（118）

第七章 培育新型研发机构 / 122

一、兄弟省市支持新型研发机构发展的政策 …………（122）

二、加快浙江省新型研发机构建设的建议 ……………（127）

三、案例：之江实验室 …………………………………（129）

第八章 提升企业创新能力 / 133

一、科技企业"双倍增"行动计划 ……………………（133）

二、技术创新中心体系建设 …………………………………（137）
　　三、案例：阿里巴巴集团 ……………………………………（140）

第九章　打造三大创新高地　/　143

　　一、打造"互联网+"科创高地 ………………………………（143）
　　二、打造生命健康科创高地 …………………………………（148）
　　三、打造新材料科创高地 ……………………………………（152）

第十章　完善创新空间布局　/　156

　　一、建设科创走廊 ……………………………………………（156）
　　二、创建创新型城市 …………………………………………（164）
　　三、推进高新区高质量发展 …………………………………（170）
　　四、完善产业创新服务综合体 ………………………………（176）

第四篇　机制研究

第十一章　科技体制改革　/　183

　　一、浙江科技体制改革的演进 ………………………………（183）
　　二、探索新型举国体制 ………………………………………（188）
　　三、实施科技项目"揭榜制" …………………………………（191）

第十二章　科技金融服务推进机制　/　195

　　一、完善创业投资机制 ………………………………………（195）
　　二、完善区域知识产权金融服务推进机制 …………………（200）

第十三章　长三角关键技术协同攻关机制　/　208

　　一、长三角关键技术协同攻关的现状 ………………………（208）

二、长三角关键技术协同攻关存在的问题和难点 ………… (210)
　　三、完善长三角关键技术协同攻关机制的对策建议 ……… (211)

参考文献 / 217

后记 / 221

第一篇 总 论

第一章 创新型省份战略的提出

习近平同志在主政浙江的 4 年多时间里（2002 年 10 月—2007 年年初），一直高度重视科学技术的进步与创新，在准确把握中央精神和广泛深入调查研究的基础上，与浙江省委"一班人"坚持继承与创新的统一，中央精神与浙江实际的统一，为推进浙江的科技进步与创新，促进经济社会新发展，先后做出了一系列重大战略决策部署。在习近平同志的推动下，"八八战略"把推进科教兴省、人才强省，用高新技术和先进适用技术改造提升传统优势产业，大力发展高新技术产业，全面提升浙江产业发展的层次和水平等作为重要举措。通过贯彻实施这一系列的举措，有力推动了浙江科技创新能力的大幅提升和科技事业的快速发展，促进了全省经济社会的发展，使浙江在科技、经济等许多方面走在了全国前列。

一、浙江建成创新型省份的战略部署

浙江产业基础薄弱，科技创新能力不足。对此，习近平同志指出："我们在常常感受到'成长的烦恼'和'制约的疼痛'的同时，也切实增强了推进科技进步、提高自主创新能力、提升产业层次、实

现'凤凰涅槃'的自觉性和紧迫感。"① 2004 年 5 月，在中共浙江省委十一届六次全会上，习近平同志明确强调，要抓住机遇，化压力为动力，苦练内功，"着力解决长期困扰我们的结构性、素质性矛盾和问题，真正把经济增长方式转变到依靠科技进步和提高劳动者素质的轨道上来，真正实现从量的扩张向质的提高转变。"② 因此，2006 年时任浙江省委书记的习近平主持召开浙江省自主创新大会，做出了到 2020 年建成创新型省份的战略部署。之所以做出这一战略部署，其原因有以下几个方面。

（一）浙江省进入由投资驱动向创新驱动转变的关键时期

改革开放以来，浙江省利用先发优势实现了 20 多年的高速增长，但这种增长主要是依靠劳动力、资本、资源等要素投入的不断增长实现的，总体上是一种投资驱动型的增长。2005 年 12 月 8 日，在省委常务务虚会上，习近平同志指出："虽然上世纪 90 年代以来的投资驱动型增长仍然是我省主要的经济增长方式，但客观上消费和创新对经济增长的作用已经呈现出不断加强的趋势。"③ 因此，在 2006 年 3 月 20 日的全省创新大会上，习近平同志指出："当前，我省进入了由投资驱动向创新驱动转变的重要时期，面对贯彻落实科学发展观、构建和谐社会的新要求，面对建设小康社会、继续走在全国前列的新目标，面对建设资源节约型和环境友好型社会的新任务，加快提高自主创新能力，推进创新型省份建设，更显得尤为重要和紧迫。"④

---

① 习近平. 干在实处 走在前列——推进浙江新发展的思考与实践 [M]. 北京：中共中央党校出版社，2006：32.
② 习近平. 干在实处 走在前列——推进浙江新发展的思考与实践 [M]. 北京：中共中央党校出版社，2006：127-128.
③ 习近平. 干在实处 走在前列——推进浙江新发展的思考与实践 [M]. 北京：中共中央党校出版社，2006：32.
④ 习近平. 干在实处 走在前列——推进浙江新发展的思考与实践 [M]. 北京：中共中央党校出版社，2006：131.

(二) 加强科技进步和自主创新，是转变增长方式，破除资源环境约束，推动经济社会又快又好发展的根本之计

21世纪初，浙江省原有的粗放型的增长方式，遇到了严峻的挑战，资源要素紧缺，环境压力加大，低成本竞争、数量型扩张的产业和企业发展越来越难以为继。如果沿袭这种粗放型的增长方式，不但资源无法满足需求，环境难以承受，全面建成小康社会和提前基本实现现代化的目标也难以实现。因此，"我们只有坚定不移地走自主创新之路，不断增强自主创新能力，才能突破资源环境的瓶颈制约，保持经济稳定较快增长；才能从根本上改变产业层次低和产品附加价值低的状况，实现'腾笼换鸟'和'浴火重生'；才能不断提高人民生活质量和水平，促进人与自然和谐共处，走出一条科学发展的新路子"①。

(三) 加强科技进步和自主创新，是顺应经济全球化趋势，加快提高国际竞争力的关键所在

改革开放以来，浙江省通过大量引进国外先进技术，不断提升产业技术水平和产品生产能力，促进了特色优势产业和块状经济的快速发展。但是，对外技术依存度偏高，技术引进明显存在重硬件、轻软件，重引进、轻消化，重模仿、轻创新的问题。这使浙江省许多企业在科技创新方面陷入了"引进—落后—再引进—再落后"的不良循环，缺乏自主知识产权和核心技术，始终处于国家产业分工和产品价值链的低端。随着经济全球化趋势的加深和我国入世后过渡期的到来，浙江省企业自主创新能力不强和自主知识产权不多的弱点进一步显现，一方面产品产量很大但利润空间很小，另一方面还要受到其他国家的反倾销调查和非关税壁垒的制约。因此，习近平同志指出："如果我们不加强自主创新和自主品牌建设，不加快推动产业和产品

---

① 习近平. 干在实处 走在前列——推进浙江新发展的思考与实践 [M]. 北京：中共中央党校出版社，2006：131.

升级，就不可能化解贸易摩擦带来的影响，就不可能形成核心竞争力，就不可能在激烈的国际竞争中占据主动。"①

因此，习近平同志指出："无论是从世界形势的发展变化、国内改革和建设不断推进情况，还是浙江省打造先进制造业基地、推进农业农村现代化、创建生态省和发展海洋经济等方面的要求来看，我们比以往任何时候都更加迫切地需要依靠科技进步，需要依靠科技创新。"②

二、推进浙江建设创新型省份的主要举措

正是由于习近平同志对科技创新问题进行了认真思考与谋划，因此，在浙江工作期间，习近平同志对于如何建设创新型省份，做出了一系列具有针对性、指导性和前瞻性的部署，这些也是浙江全面实施创新驱动发展战略的重要遵循。

（一）明确浙江省科技发展的目标：建设创新型省份

习近平同志在浙江工作期间，十分重视推进自主创新工作。在2006年3月召开的全省自主创新大会上，习近平同志明确提出了浙江省科技发展的目标：用15年时间建设创新型省份和科技强省。那时，习近平同志就认为，抓住了自主创新，就抓住了科学技术发展的战略基点，就抓住了实现经济长期稳定较快发展的关键。他明确指出，一定要增强自主创新的紧迫感和责任感，以背水一战的勇气，过华山天险的气魄，攀科学高峰的智慧，坚定不移地走科技进步和自主创新之路，推动浙江经济社会切实转入科学发展的轨道。而增强自主创新能力是我们在科技和经济工作中必须长期坚持的重要方针，建设创新型省份，必须坚持自主创新、重点跨越、支撑发展、引领未来的指导方针，以提高自主创新能力为核心，大力加强原始创新、集成创新和在

---

①习近平. 干在实处 走在前列——推进浙江新发展的思考与实践[M]. 北京：中共中央党校出版社，2006：132.
②习近平. 干在实处 走在前列——推进浙江新发展的思考与实践[M]. 北京：中共中央党校出版社，2006：245.

引进先进技术基础上的消化、吸收、创新。

2006年全省自主创新大会科学地描绘了浙江建设创新型省份的宏伟蓝图：到2020年，全社会科技研究开发投入占生产总值的比重提高到2.5%以上；科技进步贡献率达到65%以上；高新技术产业成为主导产业，传统产业得到全面改造提升，创新创业环境优越，科技综合实力、区域创新能力、公众科学素质居于全国前列。自主创新大会突出强调了浙江建设创新型省份的紧迫性和艰巨性：用15年的时间使浙江省进入创新型省份行列，基本建成科技强省，是时代赋予我们的历史使命，是一项极其繁重而艰巨的任务。自主创新大会号召全省上下围绕建设创新型省份的目标努力奋斗，要切实加强组织领导，完善政策法规，认真落实规划，动员全社会力量，营造良好的创新环境，积极探索浙江特色的自主创新之路，以只争朝夕的精神为建设创新型省份和科技强省而努力奋斗。

如何建设创新型省份？习近平同志为我们指出了明确的方向："一是以市场为导向，充分发挥市场集聚和配置创新资源的基础作用，突出企业创新地位，围绕市场需求和重点领域、关键技术开展创新活动，促进成果产业化。二是有所为有所不为，立足产业基础，发挥特色优势，突出攻关重点，鼓励原始创新，大力推进集成创新和引进消化吸收创新。三是开放集成，坚持"引进来""走出去"相结合，注重引进国内外大院名所、先进技术和优秀人才，加强科技交流与合作，兼容并包，为我所用。四是以人才为本，深入实施人才强省战略，用事业凝聚人才，用实践造就人才，用机制激励人才，用法制保障人才，形成创新人才辈出的局面。五是营造良好氛围，弘扬和发展创新文化，推崇探索，宽容失败，建立创新风险分担机制，完善知识产权保护体系，在全社会形成尊重知识、尊重人才、尊重创新的良好风尚。"[①]

[①] 习近平.干在实处 走在前列——推进浙江新发展的思考与实践[M].北京：中共中央党校出版社，2006：132.

此后，浙江省明确把加快创新型省份建设作为解决资源要素和环境制约的根本途径，作为促进产业升级、提高企业和产品竞争力的重要支撑，作为推进科技进步、建设科技强省的核心内容，作为抓住战略机遇期、争取发展主动权的重大战略。

（二）以建设科技创新体系为支撑，全力提升科技创新能力

习近平同志高度重视科技创新体系对创新的支撑作用。2006年的全省自主创新大会提出了加快区域创新体系建设的主要任务：提高企业科技创新水平，鼓励和引导企业增加科技投入，大力培养企业研发中心、重点实验室、科研机构等创新主体；加快发展区域性的科技创新和技术服务平台，使之成为服务中小企业、提升块状经济和特色产业的重要支撑；加快培育和发展各种科技中介服务机构，促进企业之间、企业与高等院校和科研院所之间的知识流动和技术转移。

1. 强化企业主体地位

习近平同志突出强调要把强化企业的主体地位作为区域创新体系建设的重点，指出："在市场经济条件下，企业直接面向市场，处在创新的第一线，创新需求敏感，创新冲动强烈，是自主创新的主体力量；国际经验表明，只有充分发挥企业的创新主体作用，加快提升企业的自主创新能力，才能真正提高一个国家或地区的竞争力；建设创新型省份，关键是要让企业成为技术创新的决策主体、投入主体、利益主体和风险承担主体。"[①]

根据习近平同志在浙江工作期间提出的"以强化企业主体地位为重点，加快推进区域创新体系建设"的要求，近年来，浙江省一直坚持和完善"企业出题、政府立题、协同破题"的创新体系，推动创新资源向企业集聚、创新政策向企业叠加、创新要素向企业流动。浙江省政府先后制定出台《关于促进中小企业加快创业创新发展的若干意见》（浙政发〔2010〕4号）、《关于进一步加强创新型企业建设的若干意

---

① 习近平. 干在实处 走在前列——推进浙江新发展的思考与实践 [M]. 北京：中共中央党校出版社，2006：135.

见》(浙政办发〔2010〕108号)、《关于进一步支持企业技术创新加快科技成果产业化的若干意见》(浙政发〔2012〕45号)等政策,组织开展创新型企业试点工作,大力培育高新技术企业、科技型中小企业和专利示范企业。

2. 充分发挥高校等创新载体的作用

习近平同志一直对浙江的高校院所寄予厚望,希望浙江大学等高等院校充分发挥科技资源、创新人才和创新成果集聚地的作用,创新运行机制和科研管理体系,加强产业共性技术和关键技术联合攻关,突破产业技术难题,为区域特色产业改造升级提供技术支撑,在科技成果转化和解决发展中的重大科技问题等方面发挥更大的作用。为此,浙江大胆探索实践,走出了一条高校院所服务于区域创新体系建设,服务于经济社会各个领域发展的新路子。

为了解决浙江省科技资源短缺的问题,在习近平同志的倡导下,启动了引进大院名校共建创新载体工作。2003年12月31日,浙江省政府和清华大学正式签订了在浙江创办清华长三角研究院的合作协议,研究院的总部设在嘉兴科技城,嘉善、平湖分设两个院区。之后又先后引进了中科院材料所、浙江加州纳米研究院等一批创新载体。遵循习近平同志的指示,按照"整合、共享、服务、创新"的思路,浙江在"六个一批"创新载体建设的基础上,于2004年启动省级科技创新服务平台建设试点工作。平台以科技资源集成开放和共建共享为目标,通过优化和整合各类科技资源,向社会提供开放共享服务。近年来,浙江省加快了各类创新载体的建设步伐,省市联动推进城西科创大走廊、国家自主创新示范区、G60科创走廊等重大创新平台建设。与此同时,大力培育一批高新技术小镇、未来高端产业小镇等特色小镇。

(三)以建设网上技术市场为突破口,全面深化科技体制改革

习近平同志在浙江工作期间十分重视科技体制改革工作。在2003

年5月召开的全省经济体制改革工作汇报会上,习近平同志又强调,浙江的改革要从微观层面向政府管理体制等宏观层面推进,从经济领域向科教文卫等社会领域和政治领域联动推进。深化科技领域体制机制改革,完善科技创新机制,优化科技资源配置,增强科技创新能力,是浙江科技强省和创新型省份建设的主要任务。

1. 做大做强浙江网上技术市场

为破解企业需要技术却苦于跨不进高校、科研院所的大门,高校、科研院所拥有技术却难以找到"婆家"的难题,2002年11月,由浙江省政府、科技部、国家知识产权局共同主办,浙江省科技厅联合全省11个市政府承办的中国浙江网上技术市场正式投入运行。习近平同志在浙期间一直关注着网上技术市场建设工作。浙江按照习近平同志的指示精神,坚持"政府推动、企业主体、院所依托、市场运作、综合集成、上下联动、共建共享"的原则,完善管理制度,拓展市场功能,优化发展环境,努力把网上技术市场建设成为立足浙江、服务全国、走向世界的大市场,充分利用全国的创新资源为浙江服务。在习近平同志的指导下,2005年,网上技术市场的主办单位中进一步加入中国科学院和中国工程院,使中国浙江网上技术市场的规模更大、影响更广。2014年12月,集"展示、交易、交流、合作、共享"于一体的浙江科技大市场正式运营,实现了有形市场和无形市场的结合。

2. 深化科研院所体制改革

习近平同志主政浙江期间十分注重科研院所科技创新能力建设。在随后的数年间,浙江围绕集成科技资源、增强科研院所支撑经济社会发展的能力不断探索实践。2014年浙江出台《关于省级事业单位科技成果处置权收益权改革有关问题的通知》,实现了科研成果处置权全权下放给事业单位、以备案制简化科研成果处置程序等突破(详见第十一章)。

3. 创新科技管理体制机制

深化科技管理体制改革，建立和完善有利于强化科技创新动力、激励科技创新主体的体制，是政府集聚创新要素、激活创新资源的重要着力点。习近平同志指出："要以提高政府效能为目标，通过观念创新、思路创新和制度创新，不断理顺政府和市场的关系、政府和企业的关系，突破狭隘的部门利益和既得利益，不断为社会创造各种良好的发展环境，提供优质的公共产品。"[①] 根据习近平同志的指示精神，浙江着力打破地区分治、部门分割的科技管理体制，强化组织协调，建立省部、厅市和部门会商制度，基本确立了科技部门牵头抓总、有关部门协调配合、省市县集成联动、专家咨询与行政决策相结合的科技管理新体制。

充分发挥政府科技计划的导向作用，加大对自主创新的支持力度，加强对项目、人才、平台的统筹安排，实现分类指导、分级管理。出台《关于进一步深化科技计划管理体制改革的若干意见》（浙科发计〔2005〕78号），明确省级科技经费重点支持全省科技基础设施和公共科技条件平台建设、社会公益类项目、应用基础研究项目、具有突破性重大带动作用的战略高新技术研究项目，以及围绕产业发展的重大关键、共性技术攻关项目。改革财政科技经费支持方式，推行联合招标、联合共建、竞争择优的管理和资金配置方式，充分利用市场机制和政策手段，调动企业、高等学校、科研院所等各方面的积极性。实行省、市、县科技计划分级分类管理，省级科技计划突出重点、兼顾一般，主要支持关系全省经济社会发展的重大科技项目，支持基础研究和应用基础研究。加强主动设计，完善专家咨询机制。充分发挥科技专项专家组的重大作用，制订和完善专项实施方案。加强重大科技专项的主动设计，提高项目集成度和关联度，围绕大企业、大工程和经济社会发展中的重大科技问题，组织实施重大项目，强化

---

① 习近平. 以科学发展观指导浙江新发展［J］. 经济管理，2004（1）：9.

自主创新对经济社会发展的支持和引领作用。

建立健全科技项目决策、执行、评价相对分开、互相监督的运行机制，加强科技项目的过程管理和目标管理。制定《浙江重大科技项目招投标管理办法实施意见》，按照"公平公开、竞争择优"的原则，加强重大科技项目的主动设计和联合攻关，推行和完善公开征集制、招投标制、课题制和合同制。实行科技项目常年申报、常年受理，推行科技项目网上申报、网上评审，建立和完善动态的项目库、专家库，充实省外专家和企业专家，提升科技项目立项评审的敏捷性和促进公平公正。推行和完善专家评审和行政决策相结合的立项审批制度，坚持和完善专家评审、业务职能处室初审、处室联审和厅务会议决策的"三审一决策"等立项评审制度和公示制度，从制度上保证科技项目立项的公开、公平、公正和竞争择优。加强科技项目的全过程管理和绩效评价，对重大科技项目实行第三方监理制，完善科技项目追踪问效制，努力提高科技经费的使用绩效。建立健全科技信用制度，项目申报实行承诺制，项目管理实行合同制，项目实施和经费使用实行追踪问效制和绩效考评制，提高科技计划管理水平和科技资源分配的有效性。2016年开始，加快推进科技云服务平台建设，推进科技项目经费"全流程、痕迹化、可追溯"管理。

2015年开始，浙江省正式推出创新券，依托科技创新云服务平台（http://www.zjsti.gov.cn），建立创新券运行系统，鼓励市县在该系统采取电子券形式推行创新券，降低企业创新创业成本。2017年5月，印发了《关于进一步推广应用创新券 推动大众创业万众创新的若干意见》，支持省内企业使用创新券支付外省各类技术创新服务费用。2017年，深入推进"最多跑一次"改革，统一公布全省科技系统"最多跑一次"办事事项，上线网上办事大厅，基本实现科技政务的"一网打尽"。

（四）以人才建设工作为重点，开发科技创新人才资源

习近平同志把人才工作作为战略性、基础性工程来抓，要求牢固

树立人才资源是第一资源的观念、人人可以成才的观念、以人为本的观念、人才资源是社会资源的观念、人才浪费是最大浪费的观念。2003年，习近平同志主持召开了第一次全省人才会议。2005年7月28日，在省委十一届八次会议上，习近平同志指出科技强省建设的任务之一就是，"加快培养和引进一大批高素质的科技创新人才，建设创新活动新载体，构筑创新人才新高地"[1]。2004年起，浙江全面建立省市县三级人才工作领导小组，形成了党委统一领导，组织部门牵头抓总，有关部门各司其职、密切配合的人才工作新格局。

2006年3月，习近平同志在全省自主创新大会上特别强调，要全面实施人才强省战略，加快教育结构调整，完善人才激励机制，加强人才引进工作，造就一支结构合理、素质优良、实力强劲的创新人才队伍。习近平同志指出，人才发展体制机制改革必须"有利于促进人才的成长、有利于促进人才的创新活动、有利于促进人才工作同经济社会发展相协调"。在习近平同志的指示下，浙江省推动出台了《浙江省特级专家管理办法（试行）》（浙委办〔2005〕71号）、《浙江省人民政府办公厅关于加快推进技能人才队伍建设的意见》（浙政办发〔2015〕25号）等10个政策文件，积极营造舆论、人文、政府服务、政策、法制、人居"六个环境"，真正"把浙江建设成为高层次人才的辈出之地、汇聚之地、创业之地"。2016年，浙江省委省政府出台《关于深化人才发展体制机制改革支持人才创业创新的意见》（也称人才新政25条）。2017年，省政府印发《高水平建设人才强省行动纲要》，全力打造人才生态最优省份。

---

[1] 习近平.干在实处 走在前列——推进浙江新发展的思考与实践[M].北京：中共中央党校出版社，2006：344.

第二章　浙江创新型省份建设的实践

在习近平同志关于建设创新型省份的战略部署的指引下，几届中共浙江省委始终坚持一张蓝图干到底，把科技创新作为经济社会发展的重要支撑，努力建设科技强省。

一、一张蓝图干到底的创新型省份建设

浙江省委始终坚持一张蓝图干到底、一任接着一任干，使科技创新始终在促进经济社会发展中发挥重要支撑作用。浙江省明确把加快创新型省份建设作为解决资源要素和环境制约的根本途径，作为促进产业升级、提高企业和产品竞争力的重要支撑，作为推进科技进步、建设科技强省的核心内容，作为抓住战略机遇期、争取发展主动权的重大战略。

2007年，中共浙江省第十二次代表大会提出了"创业富民、创新强省"的总战略。

2013年，中共浙江省委十三届三次全会审议通过了《关于全面实施创新驱动发展战略　加快建设创新型省份的决定》（简称《决定》）。该《决定》作为浙江省在新的历史起点上推进科技创新工作的指导性文件，体现了战略高度、认识深度和工作力度，体现了浙江发展的阶段性特征与新一轮科技革命、产业革命发展机遇的自觉融合，体现了省委强化顶层设计与尊重基层和群众首创精神的高度统一，具有起点高、立意远、观点新、思路清、举措实的特点。归纳而言，主要特色和亮点有以下五个方面。

（一）突出科技与经济紧密结合

《决定》紧紧抓住科技与经济紧密结合这一核心问题，切实把实

施创新驱动发展战略与贯彻落实省委省政府一系列重大决策部署有机结合起来，与干好"一三五"、实现"四翻番"有机结合起来，将科技创新贯穿到现代化建设的各个领域和各项工作之中。《决定》紧紧围绕"四大国家战略举措"，提出推进海洋科技创新、服务业创新和金融创新，努力打造新的经济增长极。紧紧围绕"四大建设"，提出加快青山湖科技城、未来科技城等创新平台建设，进一步加大整合力度，明确发展定位，理顺管理体制，积极创建国家自主创新示范区和国家级高新区，推动高新园区和产业集聚区融合发展。紧紧围绕结构调整和转型升级，提出大规模推进"机器换人"，促进高新技术产业和战略性新兴产业跨越发展，大力培育文化创意产业，打造浙江经济"升级版"。紧紧围绕"四化同步"发展，提出加强农业现代化、新型城市化和民生领域科技创新。切实抓好国家创新型城市试点工作，推动一批城市率先实现创新驱动发展。

（二）突出企业的主体地位

企业是创新的主体，是创新成果实现产业化的革新者与完善者。《决定》通过相关政策向企业聚焦，推动企业成为技术创新决策、研发投入、科研组织和成果转化应用的主体。《决定》提出，实施"十百千万"创新型企业培育工程，根据不同类型企业技术创新的特点和规律，有针对性地予以指导和支持，帮助企业加强技术创新，提升核心竞争力。《决定》鼓励企业"引进来、走出去"，通过各种方式到海外设立、兼并和收购研发机构，加强技术引进、消化、吸收再创新；鼓励企业与国内外科技创新大院名校开展产学研合作，引进或共建创新载体，促进科技成果产业化。《决定》特别强调了企业在产学研合作中的核心关键作用，要求加强顶层设计和资源系统整合，积极探索浙江特色的"企业出题、政府立题、协同解题"的产学研合作创新之路，让企业能够依靠高校、科研院所及高层次、高技能人才等各类创新主力军，以资源最小投入、最佳组合获得最大收益，实现投入产出的"倍增效应"。

（三）突出教育、科技、人才工作协调发展

浙江省全面实施创新驱动发展战略，以教育为基础、科技为关键、人才为根本。《决定》统筹落实中长期教育、人才、科技规划纲要，按照经济社会和科技发展的内在要求，整体谋划及有序推进教育、人才、科技工作。《决定》在强调科技创新推进浙江经济转型升级和联动其他方面创新的重要作用的同时，明确提出，引导高校科学定位、特色发展，建设一批不同层次、不同类型的"高水平大学"。不断优化学科专业设置，提高学科与产业、专业与就业的契合度。充分发挥普通高校、职业院校和技工院校人才培养优势，深化教育教学改革，突出办学特色。重视继续教育对人才培养的作用。《决定》还要求，坚持以人才为根本，实施领军型创新团队引进培育计划，对顶尖创新团队实行"一事一议"，加大对青年创新人才的发现、培养、使用和资助力度。加快培养一大批复合型、应用型高技能人才和紧缺急需专业人才，深入实施百万高技能人才培养计划。鼓励有条件的园区、高校院所和龙头骨干企业在人才管理体制和政策机制创新上先行先试，让一流人才做出一流贡献、一流贡献获得一流回报。

（四）突出实绩论英雄的科技评价导向

科技创新的最终目的是转化为现实的生产力。广大科技人员的创新劳动果实也只有用于生产，变成产品，被市场所接受，才能实现其经济价值和社会价值。《决定》提出以创新质量和实际贡献为核心，建立新型科技成果和创新人才评价激励机制。改进科技奖励办法，重点奖励对产业创新发展有重大贡献的科技成果和杰出人才。要求完善科技成果知识产权归属和利益分享机制，促使人才走向经济建设主战场。科技大市场是促进成果转化的重要平台。《决定》强调，加快建立"展示、交易、共享、服务、交流"五位一体的科技大市场，进一步完善科技成果竞价（拍卖）机制，完善科技服务体系，促进国内外科技成果到浙江交易、转化。

（五）突出"有形之手"与"无形之手"的有机结合

科技创新需要正确处理好市场主导的"无形之手"与政府引导的"有形之手"的关系，切实做到以政府权力的减法来换取市场活力的加法。《决定》既注重充分发挥市场机制在配置科技资源中的基础性作用，激发企业的内在动力，又注重充分发挥政府的引导和调控作用，通过行政改革、职能转变，为创新创造良好环境，努力做好"行政减权力、市场增活力"这样一个加减法。凡是市场能够有作为的，统统都交给市场；凡是社会有能力做到的，统统都还给社会；凡是企业能够自主的，切切实实地归还给企业。《决定》提出，要着力从需求端推动科技成果产业化，强化对企业创新产品推广应用和市场拓展的扶持，大力提高本省自主创新产品应用比重，以市场引领创新，以应用促进发展。《决定》要求，进一步完善财政科技投入稳定增长机制，确保财政科技投入增长幅度高于同级财政经常性收入的增长幅度1个百分点以上，带动社会科技投入加快增长。坚持市场经济改革取向，强化政府公共服务职能，深化行政审批制度和资源要素市场化等改革，完善政府科技投入机制和绩效评价机制，加快形成多元化、多层次、多渠道的科技创新投融资体系，重点构建面向应用需求的科技成果评价制度与激励机制，着力完善知识产权保护机制。[1]

2016年，中共浙江省委十三届九次全会把科技创新作为推动浙江省经济社会发展必须补齐的"第一块短板"。

2017年6月，中共浙江省第十四次代表大会提出"两个高水平"奋斗目标和总体部署，强调突出"创新强省"工作导向。

2017年11月，中共浙江省委十四届二次全会提出要"以超常规力度建设创新型省份"，努力打造创新生态最优省。

2019年11月，中共浙江省委十四届六次全会把完善科技创新治理体系作为高水平推进省域治理现代化的重要内容，强调形成更加浓

---

[1]《中共浙江省委关于全面实施创新驱动发展战略 加快建设创新型省份的决定》解读[N]. 浙江日报，2013-06-08.

厚的创新创业氛围。

2020年6月，中共浙江省委十四届七次全会就深入学习贯彻习近平总书记考察浙江重要讲话精神，努力建设新时代全面展示中国特色社会主义制度优越性的重要窗口进行系统研究部署，并结合新形势、新要求，深入研究人才强省、创新强省工作，审议通过《中共浙江省委关于建设高素质强大人才队伍，打造高水平创新型省份的决定》，为今后一段时期创新型省份建设指明了方向。

2020年11月，中共浙江省委十四届八次全体（扩大）会议审议通过了《关于制定浙江省国民经济和社会发展第十四个五年规划和二〇三五年远景目标的建议》，明确浙江省要"深入实施人才强省、创新强省首位战略，加快建设高水平创新型省份"。

二、创新型省份建设成效

经过十多年的努力，浙江省创新型省份建设取得了显著成效，区域科技创新能力不断增强，区域创新体系逐渐形成。

（一）科技创新政策体系不断完善

近年来，浙江省先后制定（修订）《浙江省科学技术进步条例》等5部地方性法规和《浙江省科学技术奖励办法》等4部政府规章，出台了一系列政策措施。特别是2018年，省政府出台了《关于全面加快科技创新 推动高质量发展的若干意见》（简称科技新政），明确了打造"互联网+"和生命健康两大科技创新高地的总目标，提出了未来五年"五倍增、五提高"的预期目标和科技创新组合拳。研究制订了全社会研发投入提升专项行动计划，出台了《浙江省人民政府关于全面加强基础科学研究的实施意见》（浙政发〔2019〕23号）等一系列文件，全面夯实科技创新基础。

（二）区域科技创新能力不断增强

截至2020年，浙江省科技创新综合实力连续8年居全国第6位，区域创新能力连续13年居全国第5位，企业技术创新能力连续5年居全国第 3 位。2019 年、2020 年连续 2 年获国务院 2 项科技督查激励。2015—2019 年，浙江省全社会 R&D 经费支出占 GDP 比重从 2.36% 提升到 2.68%；科技进步贡献率从 57% 提升到 63.5%；高新技术产业增加值占规模以上工业增加值的比重从 37.5% 提升到 54.5%；高新技术企业数从 6437 家增长到 16316 家，科技型中小企业数从 23930 家增长到 63677 家；每万人就业人员中研发人员从 97.68 人年提升到 138 人年。

（三）重大创新平台建设加快推进

截至 2020 年，获批杭州、宁波温州 2 个国家自主创新示范区，新挂牌建设 2 个国家高新区，新增 2 个国家级农业科技园区，杭州、德清获批建设国家人工智能创新发展试验区，阿里云城市大脑、海康威视视频感知入选国家新一代人工智能开放创新平台。成功创建首个全省域国家科技成果转移转化示范区，获批亚热带森林培育、眼视光学和视觉科学等 2 家省部共建国家重点实验室，获批建设感染性疾病、儿童健康与疾病、眼部疾病等 3 家国家临床医学研究中心，获批建设首个国家级重大科技基础设施——超重力离心模拟与实验装置。

（四）重大标志性成果加速涌现

"互联网+"和生命健康世界科技创新高地基础加快夯实，之江实验室成功进入国家实验室建设行列，西湖大学、阿里达摩院建设成效初显。李兰娟院士领衔的"以防控人感染 H7N9 禽流感为代表的新发传染病防治体系重大创新和技术突破"获国家科学技术进步奖特等奖；贝达药业研发的抗肺癌新药"盐酸埃克替尼"获国家科技进步一等奖；浙江大学、浙能集团等合作完成的"燃煤机组超低排放关键技术研发及应用"项目获国家技术发明一等奖。另外，取得了阿里 EB（百京）级大数据计算平台、海康威视"视频感知和视频压缩编码技术"、浙江大学"达尔文"二代神经拟态类脑芯片、杭州华澜微"固态硬盘控制级芯片"、歌礼生物"慢性丙肝系列新药"、温州医科大学"细胞生长因子类创新药物"、中国水稻研究所"杂交水稻无融合生殖体系"等一批标志性成果。

（五）区域创新体系形成浙江模式

扎实推进"两市两县两区"全面创新改革试点①，新昌改革经验在全国推广；截至2020年，获批国家创新型城市6座，国家创新型县（市）5个，分别居全国第2位和第1位。以企业为主体、产学研相结合的技术创新模式加快完善，涌现出阿里巴巴、海康威视、贝达药业等一大批领军型科技企业；2020年，全省独角兽企业达24家，估值达3057.33亿美元，分别居全国第4位和第2位。深入实施引进大院名校共建创新载体战略，截至2020年，累计引进共建高层次创新载体近1000家，涌现出清华长三角研究院、中科院宁波材料所、北航杭州创新研究院、天津大学浙江研究院等一批高水平的新型创新载体。加快构建辐射全国、链接全球的技术交易平台体系，以"浙江拍"为特色的科技成果转化机制日趋成熟，截至2020年，省市县联动建成55家实体技术市场和135个网上技术市场，"十三五"时期拍卖成交19.2亿元，技术交易总额从2015年的242亿元增长到2020年的1527.7亿元。全面推进以产业创新服务综合体为牵引的产业创新服务体系建设，截至2020年，已建成106家省级综合体，服务企业14.1万家。2020年，全省拥有各类科技企业孵化器、众创空间1000多家，其中国家级孵化器95家、众创空间154家，均居全国第4位。深入推行科技特派员基层创新创业制度，截至2020年，共派遣科技特派员1.56万人次，实施科技项目9515项，经验在全国推广。

（六）科技精准开放合作不断深化

目前，浙江省已基本形成立足长三角、辐射全国、融入全球的科技开放合作格局，构建了多层次、宽领域、广范围的科技交流合作网

---

① 2015年，中央提出要在有条件的省（自治区、直辖市）系统推进全面创新改革试验，授权开展改革试验，努力在重要领域和关键环节取得新突破。根据部署，浙江省从2016年年底开始先后在杭州市、嘉兴市、新昌县、长兴县、滨江区、余杭区组织开展全面创新改革试验，简称"两市两县两区"全面创新改革试点。

络。首先，积极融入长三角区域创新发展，以G60科创走廊对接长三角兄弟省市，通过长三角科技资源共享服务平台共建、技术市场资源共享和"科技创新券"通用通兑等方式，努力推进区域协同创新发展。省市县各级在全国范围内设立"人才飞地"，就地吸引使用优秀人才，主要集中在北京、上海和深圳三地。据不完全统计，截至2020年，省内各地与14个省市合作共建创新载体近60个。其次，在全球形成了发达国家和发展中国家的两级开放梯队。一方面，对接美国、日本、欧洲等技术先进、科研强校多的国家和地区以获得高新技术；另一方面，在"一带一路"倡议的引领下，加大与以色列、乌克兰、葡萄牙、捷克、南非、乌兹别克斯坦等沿线重要节点国的科技互助，同时实现向上精准对接和向下开放包容。再次，开放合作主体及模式趋于多元化。国际科技合作基地、海外创新孵化中心、国际联合共建实验室（研究中心）、企业海外研发中心、国际科技合作园区等各类载体成为汇聚国际创新资源、促进创新创业、推动技术转移转化、加强国际产能合作的重要平台。截至2020年，全省（含宁波）共有国家级科技合作基地40家、省级基地79家、省级海外创新孵化中心27家，省级财政奖励的企业海外研发机构25家。据统计，2018—2020年浙江省级财政累计支持国际合作项目85项，合作范围广，涵盖了25个国家的60座城市，涉及48个技术领域。2019年参加绩效评价的14家省级海外创新孵化中心，储备了海外科技项目1158个和人才841位，引入了海外科技项目50个和海外创新创业人才22位，涵盖数字经济、生命科学、能源环境、材料科学等高科技领域。

（七）科技体制改革不断深入

狠抓科技服务提质改革，2020年省科技厅厅本级56个事项网办率、零跑率等5项指标领跑全国，申报材料精简1/3，评审时间压缩1/3。狠抓科技人才赋能改革，制定赋予科技人才科研自主权等政策，实行代表作制度，试点"包干制"，赋予科研人员职务科技成果所有权和不低于10年的长期使用权。2019年，入选科技部科技创新创业人才数居全国第一。狠抓科技奖励制度改革,修订省科学技术奖励办法,推动设立浙江科技大奖,实行提名制。构建关键核心技术攻关和进口替代科研组织机制,迭代梳理产业链断供和进口替代清单,实行"揭榜挂帅"。截至2020年6月,实施325项重大项目,形成61项自主可控进口替代成果,80多个项目被纳入国家关键核心技术攻关方案。完善科技"三服务"机制,开展"双百"专项行动。截至2020年6月,116个服务小组携手163家综合体解决企业难题530个。[①]

三、高水平建设创新型省份的问题与难点

在看到成绩的同时,我们发现与我国科技创新先进地区相比,浙江高水平建设创新型省份也存在一些问题和难点。

（一）从创新投入来看,政府投入与基础研究投入比重亟待提高

2019年浙江省R&D占GDP的比重为2.68%,低于京津沪三市,也低于广东省（2.88%）、江苏省（2.79%）。R&D投入中,2019年浙江省政府投入占比为8.16%,低于广东省（12.8%）、江苏省（9.9%）。此外,2019年浙江省基础研究经费投入占研发经费投入的比重为2.86%,低于上海市（8.9%）、广东省（4.6%）和全国平均水平（5.6%）。

（二）从创新基础设施来看,高水平科研基础较弱

截至2019年,浙江省"双一流"建设高校只有浙江大学1家,而江苏省、广东省各有2家;"双一流"学科建设高校仅2家,少于江苏省（13家）、广东省（3家）;省级以上科研机构87家,少于广东省（126家）、江苏省（115家）。全国及7省市企业研发机构、高等学校、研发机构指标如表2-1所示。

[①] 何杏仁. 谋新篇 补短板 激活力 抢机遇 推动科技体制改革取得更大成效 [N]. 浙江日报, 2020-07-07.

表 2-1　全国及 7 省市企业研发机构、高等学校、研发机构指标

地区	规模以上工业企业数	企业研发机构 有研发机构的企业数/个	企业研发机构 有研发机构的企业占比/%	高等学校数/个	研发机构数/个
全国	378440	104820	27.70	2663	3306
江苏省	45675	20298	44.44	167	130
广东省	47456	19397	40.87	152	182
山东省	38333	2734	7.13	145	189
浙江省	40586	10141	24.99	108	97
上海市	8130	558	6.86	64	128
天津市	4292	403	9.39	56	61
北京市	3197	483	15.11	92	382

数据来源：国家统计局社会科技和文化产业统计司，科学技术部战略规划司. 中国科技统计年鉴2019 [M]. 北京：中国统计出版社，2019.

近年来，国家重大科技基础设施布局中，浙江省进入的极少（见表 2-2）。高水平科研基础与先进地区相比，也有较大差距。例如，截至 2020 年，浙江省国家重点实验室仅有 14 家，远少于上海市（44家）、广东省（30 家）、江苏省（29 家）；国家级大科学装置仅 1 个，少于广东省（10 个）、安徽省（5 个）、江苏省（2 个）。

表 2-2　国家重大创新平台建设情况

类型	布局和建设情况
科技创新中心	北京定位为全国科技创新中心，上海定位为具有全球影响力的科技创新中心，广东与香港、澳门共同建设粤港澳大湾区国际科技创新中心
国家实验室	主要采取自上而下的方式组织，截至 2020 年我国共有 20 个已建、试点和在筹国家实验室，其中长三角地区有合肥的同步辐射国家实验室、微尺度物质科学国家实验室（转为合肥微尺度物质科学国家研究中心）、磁约束核聚变国家实验室（筹）和上海的船舶与海洋工程国家实验室（筹）

续表

类型	布局和建设情况
综合性国家科学中心	截至2020年，仅批准在上海张江、安徽合肥、北京怀柔、广东深圳4个地区规划建设。湖北武汉、四川成都、陕西西安、山东青岛等地都在筹划酝酿中
国家重大科技基础设施	截至2020年，国家发展改革委已布局建设100个国家重大科技基础设施，有一半集中在北京、上海、南京、合肥等地。2019年浙江省首个国家重大科技基础设施（超重力离心模拟与实验装置）获批

（三）从创新成果转化来看，转化率低是浙江科技创新的薄弱环节

虽然浙江省是全国第一个全省域的成果转化示范省，但是浙江省的创新成果以转化输入成果为主。从技术市场交易情况来看，2019年度浙江省技术合同交易19220项，成交额974.43万元，成交额排名第9位，低于北京（第1）、上海（第4）、广东（第2）和江苏（第3）等省市。由于技术交易额是以合同输出方为登记地来计算的，因此反映出浙江省的原始创新能力弱，技术以输入为主。另外，就省内而言，浙江省高校的创新成果转化率也偏低。例如，2016年至2020年，浙江省绿色技术发明专利申请量为51840件，其中申请量居第1位的是浙江大学（1812件）。但是，在浙江大学的绿色技术发明专利申请量中，专利的转让量仅为24件，转让率为1.32%。

（四）从创新主体来看，头部企业少是浙江技术创新的一大短板

企业是创新的主体，但是浙江省目前除了阿里巴巴、海康威视、吉利汽车等龙头企业外，行业的头部企业缺乏，阻碍了浙江省创新的开展，也阻碍了产业的发展。截至2020年，浙江省高新技术企业仅有1.6万家，与广东省5.0万家、江苏省2.4万家相比，有明显差距。另外，截至2020年，浙江省国家制造业创新中心数量为零。同时，也缺少如江苏省产业技术研究院这样的高水平、综合性产业技术

研究院。2019年，浙江省每家规模以上工业企业研发机构的人员数为32.77人，居全国第24位；每家机构的研发经费支出为931.30万元，居全国第24位。

（五）从创新产出看，高技术产业营业收入占比低是浙江的又一大短板

浙江省长期以纺织、机械、化工等传统产业为主导，虽然数字经济近年来快速发展，但主要集聚在杭州及周边一带，其他地区高端产业发展明显落后，产业发展效益还有很大的提升空间。2020年，浙江省高技术产业营业收入占工业营业收入的比重为10.5%，低于广东省（33.9%）、江苏省（19.8%）、北京市（24.2%）、上海市（19.0%）。在产业平台方面，截至2020年，浙江省国家级高新区仅8家，与江苏省的18家、广东省的14家相比差距明显。其中，规模超千亿元的只有杭州、宁波2家，综合排名分别居国家第3位、第19位。

（六）从创新支撑体系来看，创新人才尤其是领军人才缺乏

2019年，浙江省获批国家杰出青年科学基金项目162项，少于北京市（1632项）、上海市（567项）、江苏省（327项）、湖北省（221项）、广东省（220项）；2019年研发人员中硕博士比例为13.1%，低于2018年的安徽省（19.3%）、江苏省（17.0%）、广东省（18.1%）。截至2020年，浙江省两院院士有55名，而江苏省有102名，差距明显。

（七）高新技术产品出口占比不高，开放创新水平有待提升

浙江省的高新技术产品出口占比不高。从高新技术产品的出口比重来看，2020年浙江省排名全国第25位，与浙江经济和进出口大省的地位不相符。主要原因为：一是国际领军型创新企业欠缺。与国内、国际巨头相比，浙江龙头企业在PCT国际专利申请、研发投入等方面差距巨大。二是国际化重大创新平台不足，辐射带动作用不够突出，重点创新载体发展水平有待提高，缺乏高层次的重点实验室、大科学装置等科研基础设施平台，创新发展的特色优势和核心优势尚未形成。

第三章　打造高水平创新型省份的思路

2021年5月28日,在两院院士大会、中国科协第十次全国代表大会上,习近平总书记强调,坚持把科技自立自强作为国家发展的战略支撑,立足新发展阶段、贯彻新发展理念、构建新发展格局、推动高质量发展,面向世界科技前沿、面向经济主战场、面向国家重大需求、面向人民生命健康,深入实施科教兴国战略、人才强国战略、创新驱动发展战略,把握大势、抢占先机,直面问题、迎难而上,完善国家创新体系,加快建设科技强国,实现高水平科技自立自强。[1] 浙江省贯彻落实习近平总书记讲话精神,着力打造高水平创新型省份。

一、高水平创新型省份建设的评价体系[2]

(一) 指标体系的构建

为有效评估和对比世界各国/地区的创新能力和竞争力,诸多国际组织、学术机构等相继开发出多个有关国家/地区创新能力和竞争力的评价指标体系,并基于这些评价指标体系发布了一系列关于国家/地区创新能力和竞争力的评价报告。课题组选取国际上影响力大、测度范围广的8个国家/地区创新能力和竞争力评价指标体系及评价研究报告进行剖析,梳理各指标体系的指标设置与特点、覆盖范围、年度结果等信息,归纳出与科技相关的指标(见表3-1)。

---

[1]两院院士大会中国科协第十次全国代表大会在京召开 习近平发表重要讲话 [EB/OL]. 新华网,2021-05-28.
[2]创新型省份建设评价体系部分的研究得到了浙江省科技信息研究院姚笑秋、王紫露助理研究员的帮助,评价的初稿由两位提供,特此说明,并表示感谢。

表 3-1　国际上有代表性的国家/地区创新能力和竞争力评价指标体系/报告及其特点

序号	报告	发布机构	起始年份	评价体系与指标	覆盖国家/地区
1	《全球竞争力报告（GCI）》	世界经济论坛（WEF）	1979	3个层面——基础条件、效能提升和创新成熟度；12个支柱性因素；114项指标	137个
2	《世界竞争力年鉴》	洛桑国际管理学院（IMD）	1989	4大要素——经济运行、政府效率、企业效率和基础设施；260项指标	63个
3	《全球创新指数（GII）》	世界知识产权组织、康奈尔大学、欧洲工商管理学院	2007	2类指标——创新投入、创新产出；80项指标	126个
4	《科学技术工业（STI）记分牌》	经济合作与发展组织（OECD）	1999	5个方面——知识、人才和技能，卓越研究与合作，企业创新，领导力与竞争力，以及社会与数字转型；约200项指标	约60个
5	《欧洲创新记分牌（EIS）》	欧盟创新政策研究中心	2001	4个方面——框架条件、投资、创新活动和影响；10个创新维度；27项指标	约50个
6	《科学与工程指标（SEI）》	美国国家科学基金会（NSF）	1973	8大方面——中小学数学与科学教育、科学与工程高等教育、科学与工程劳动力、研发、学术研发、工业/技术/全球市场、公众对科学与技术的理解、发明/知识转移和创新；100多项指标	约40个
7	《全球创造力指数（GCI）》	加拿大马丁繁荣研究所	2004	3个方面——技术、人才和宽容度；6项指标	139个
8	《欧洲科学、研究和创新绩效报告》	欧盟委员会研究与创新总署	2016	5个方面——经济就业、研发投资、科技产出、框架背景、商业环境；189项指标	约40个

尽管上述评价指标体系的观察角度、思考层次、考察重心并不完全一致，但其评价维度总体可归纳为政策制度、基础设施、科技研发、金融投入、人力资本、知识资产等几个方面。

按照"科学性、客观性、系统性、可比性、可行性"的原则，在现有的区域创新能力理论研究基础上，根据有代表性的国家/地区创新能力和竞争力评价指标体系及国家《建设创新型省份工作指引》，构建了包括创新投入、创新绩效、创新人才、创新平台和创新生态5个一级指标与12个二级指标在内的高水平创新型省份建设评价指标体系。通过关键指标的比较，可以准确直观地了解浙江省的创新能力及其在全国所处的水平，为下一步继续推动高水平创新型省份建设提供决策支撑。

关于指标权重的确定方法，课题组采取的是主观判断法。由于课题组成员均对课题相关状况较为熟悉，同时对评价指标体系也有比较准确的把握，因此主观赋权法不失为一种适合的方法。课题组构建的高水平创新型省份建设评价指标体系如表3-2所示。

表3-2 高水平创新型省份建设评价指标体系

一级指标	权重	二级指标	权重
创新投入	0.3	R&D经费投入强度/%	0.2
		企业R&D经费支出占主营业务收入比重/%	0.1
创新绩效	0.3	每万人发明专利拥有量/件	0.1
		技术合同交易输出额/亿元	0.1
		高技术产业主营业务收入占规模以上工业企业主营业务收入比重/%	0.1
创新人才	0.15	每万名就业人员中研发人员/人年	0.1
		公民具备科学素质的比例/%	0.05
创新平台	0.15	国家高新区个数/个	0.05
		国家重点实验室个数/个	0.05
		国家自主创新示范区	0.05
创新生态	0.1	在孵企业数/家	0.05
		万人移动互联网用户数/户	0.05

注：国家自主创新示范区为定性指标，有则记为1，无则记为0。

(二) 指标内涵与数据来源

创新投入是开展创新活动的基本保障,本研究选取了R&D经费投入强度和企业R&D经费支出占主营业务收入比重两个指标。R&D经费投入强度是衡量地区科技创新投入强度最重要、最综合的指标,数据来源于《中国科技统计年鉴2019》。企业是创新活动的主体,企业R&D经费支出占主营业务收入比重综合反映了企业科技经费投入情况,数据来源于《中国科技统计年鉴2019》。

创新绩效反映的是地区创新产出的能力,本研究选取了每万人发明专利拥有量、技术合同交易输出额和高技术产业主营业务收入占规模以上工业企业主营业务收入比重三个指标。每万人发明专利拥有量反映的是某一时点上发明专利的存量,是反映地区创新活动质量的重要指标,其中有效发明专利数据来源于《中国科技统计年鉴2019》,常住人口数来源于《中国统计年鉴2019》。技术合同交易输出额反映的是技术成果转化为生产力的能力,是反映成果转化情况的重要指标,数据来源于《中国统计年鉴2019》。高技术产业主营业务收入占规模以上工业企业主营业务收入比重反映了高技术产业的创新产出情况,数据来源于《中国科技统计年鉴2019》。

创新人才是开展创新活动的智力支撑,本研究选取每万名就业人员中研发人员和公民具备科学素质的比例这两个指标。每万名就业人员中研发人员是反映创新人力资源水平的主要指标,R&D人员全时当量数据来源于《中国科技统计年鉴2019》,就业人口数来源于各省、自治区、直辖市2019年统计年鉴(其中,河北、新疆暂未发布2019年年鉴,使用的是2018年年鉴中的就业人口数)。公民具备科学素质的比例反映全社会公民的科技知识水平,数据来源于《中国公民科学素质建设报告(2018年)》。

创新平台是开展创新活动的重要阵地,本研究选取了国家高新区个数、有无国家自主创新示范区和国家重点实验室个数三个指标,其中有无国家自主创新示范区为定性指标。国家高新区是企业开展创新活动的主要场所，国家高新区个数来源于《中国火炬统计年鉴2019》。国家自主创新示范区是指经中华人民共和国国务院批准，在推进自主创新和高技术产业发展方面先行先试、探索经验、做出示范的区域，该指标数据来源为科塔学术根据科技部网站资料整理的数据。国家重点实验室是国家组织开展基础研究和应用基础研究、聚集和培养优秀科技人才、开展高水平学术交流、具备先进科研装备的重要科技创新基地，是服务和支撑国家科技创新的战略性力量，国家重点实验室个数来源于北京新智金数科技有限公司的"科技创新平台融合查系统"。

创新生态反映的是社会环境对创新活动的促进作用，本研究选取了在孵企业数和万人移动互联网用户数两个指标。在孵企业数是科技创新环境情况的重要体现，数据来源于《中国火炬统计年鉴2019》。万人移动互联网用户数反映了社会生活信息化的程度，是科技发展直接的成果和体现，其中移动互联网用户数来源于《中国科技统计年鉴2019》，常住人口数来源于《中国统计年鉴2019》。

（三）评价方法与计算

本研究采用改进功效系数法对全国31个省、自治区和直辖市高水平建设创新型省份的水平进行测算和评价。

（1）对指标原始数据进行同一化处理，即无量纲化处理。选取每一个指标的最大值为满意值、最小值为不允许值，二级指标的评估标准分即功效系数如下：

$$d_i = \frac{X_{\max} - X_i}{X_{\max} - X_{\min}} \times 40 + 60$$

各指标同一化结果如表3-3所示。

第三章 打造高水平创新型省份的思路

表3-3 31个省(区、市)高水平创新型省份建设评价各指标标准分

地区	创新投入 R&D经费投入强度/%	企业R&D经费支出占主营业务收入比重/%	创新绩效 每万人发明专利拥有量/件	技术合同交易输出额/亿元	高技术产业主营业务收入占规模以上工业企业主营业务收入比重/%	创新人才 每万名就业人员中研发人员/人年	公民具备科学素质的比例/%	创新平台 国家高新区个数/个	国家自主创新示范区/有或无	国家重点实验室个数/个	创新生态 在孵企业数/家	万人移动互联网用户数/户
北京	100.0	89.0	100.0	100.0	88.0	100.0	99.2	62.2	100.0	100.0	72.3	100.0
天津	76.0	93.6	66.8	65.5	76.2	80.0	83.6	62.2	100.0	63.9	65.4	67.3
河北	67.7	80.3	60.6	62.2	63.0	63.5	70.9	71.1	60.0	63.0	68.6	67.0
山西	65.4	71.0	60.6	61.2	66.1	63.3	70.7	64.4	60.0	61.2	63.1	65.5
内蒙古	63.4	72.8	60.1	60.2	61.4	62.4	69.9	66.7	60.0	60.6	62.4	73.4
辽宁	70.6	83.9	62.5	63.8	66.1	66.9	71.7	77.8	100.0	64.4	65.0	68.8
吉林	63.4	63.1	61.1	62.8	63.6	63.3	70.9	71.1	60.0	63.3	64.6	67.7
黑龙江	63.9	70.6	61.5	61.3	63.5	62.4	68.7	66.7	60.0	61.8	66.9	62.4
上海	86.4	93.5	76.6	69.9	81.5	84.9	100.0	64.4	100.0	73.6	71.1	86.3
江苏	76.6	97.7	68.9	68.0	82.5	81.3	78.1	100.0	100.0	71.0	100.0	73.5
浙江	75.7	100.0	67.8	64.8	71.0	81.6	77.8	77.8	100.0	63.3	80.0	83.4

— 29 —

续表

地区	R&D经费投入强度/%	企业R&D经费支出占主营业务收入比重/%	每万人发明专利拥有量/件	技术合同交易输出额/亿元	高技术产业主营业务收入占规模以上工业企业主营业务收入比重/%	每万名就业人员中研发人员/人年	公民具备科学素质的比例/%	国家高新区个数/个	国家自主创新示范区/有或无	国家重点实验室个数/个	在孵企业数/家	万人移动互联网用户数/户
安徽	72.9	88.9	62.9	62.6	70.3	65.2	71.2	73.3	100.0	63.6	67.5	60.4
福建	70.5	81.8	62.9	60.7	71.8	69.8	72.9	75.6	100.0	62.7	64.3	72.1
江西	67.8	76.1	60.2	60.9	76.2	65.0	69.8	80.0	100.0	61.2	63.8	60.0
山东	72.8	95.8	62.5	66.6	66.9	68.4	73.2	88.9	100.0	65.6	81.5	65.9
河南	67.8	84.9	60.6	61.2	73.8	63.6	70.8	75.6	100.0	61.5	71.6	64.4
湖北	72.4	88.0	62.3	69.7	70.4	67.1	71.7	86.7	100.0	67.7	73.2	62.5
湖南	70.5	95.5	61.5	62.3	70.3	66.3	70.2	77.8	100.0	64.4	67.0	61.9
广东	77.1	97.6	67.3	71.0	100.0	81.2	75.6	91.1	100.0	68.0	99.4	85.9
广西	63.1	65.0	60.9	60.5	67.3	61.5	66.6	68.9	60.0	60.6	63.6	65.9
海南	62.1	66.3	60.4	60.1	71.8	61.4	62.6	62.2	60.0	60.3	61.7	72.8
重庆	71.9	96.5	62.6	61.5	90.8	69.1	70.7	68.9	100.0	62.7	63.3	70.1

续表

地区	创新投入 R&D经费投入强度/%	创新投入 企业R&D经费支出占主营业务收入比重/%	创新绩效 每万人发明专利拥有量/件	创新绩效 技术合同交易输出额/亿元	创新绩效 高技术产业主营业务收入占规模以上工业企业主营业务收入比重/%	创新人才 每万名就业人员中研发人员/人年	创新人才 公民具备科学素质的比例/%	国家高新区个数/个	创新平台 国家自主创新示范区/有或无	创新平台 国家重点实验室个数/个	创新生态 在孵企业数/家	创新生态 万人移动互联网用户数/户
四川	70.5	76.2	61.6	68.0	78.8	65.1	69.5	77.8	100.0	64.7	69.7	67.9
贵州	63.9	75.2	60.4	61.4	73.5	62.0	64.4	64.4	60.0	61.2	61.3	70.1
云南	65.4	74.8	60.3	60.7	64.4	62.0	64.7	66.7	60.0	61.5	62.6	64.6
西藏	60.0	60.9	60.0	60.0	63.0	60.0	60.0	60.0	60.0	60.0	60.0	61.9
陕西	73.0	79.0	63.1	69.1	73.0	67.7	70.4	75.6	100.0	66.8	64.6	72.1
甘肃	66.3	66.9	60.3	61.5	61.2	61.6	64.7	64.4	100.0	63.0	63.6	65.9
青海	62.4	60.0	60.2	60.6	63.8	61.3	62.2	62.2	60.0	60.3	60.6	70.3
宁夏	66.6	76.2	60.9	60.1	63.1	64.4	67.3	64.4	60.0	60.6	60.8	74.4
新疆	61.9	63.5	60.1	60.0	60.0	61.0	66.9	66.7	100.0	60.6	62.5	64.1

— 31 —

（2）采用加权几何平均方法计算一级指标指数与综合指数的标准分（功效系数），公式如下：

$$D = \sqrt[(f_1+f_2+\cdots+f_n)]{d_1^{f_1} \times d_2^{f_2} \times \cdots \times d_n^{f_n}} = \sqrt[\Sigma f]{\Pi d^f}$$

计算结果如表3-4所示。

表3-4　31个省（区、市）高水平创新型省份建设评价结果

排名	地区	综合指数	创新投入指数	创新绩效指数	创新人才指数	创新平台指数	创新生态指数
1	北京	93.72	96.19	95.82	99.72	85.37	85.01
2	上海	81.66	88.71	75.85	92.15	77.03	72.36
3	广东	81.09	83.39	78.19	78.37	84.57	82.22
4	江苏	80.26	83.05	72.86	79.69	88.69	84.24
5	浙江	75.72	83.04	67.80	79.41	78.02	71.15
6	天津	74.57	81.47	69.37	81.79	72.39	64.63
7	山东	73.57	79.80	65.32	70.73	82.81	73.12
8	湖北	73.08	77.28	67.39	69.38	82.98	70.39
9	重庆	72.71	79.31	70.46	69.90	74.53	62.97
10	陕西	71.58	74.98	68.26	69.07	78.72	65.71
11	湖南	71.09	78.03	64.57	68.25	78.53	65.73
12	四川	70.96	72.37	69.15	67.26	78.65	67.16
13	安徽	70.94	77.88	65.18	68.15	76.55	65.50
14	福建	70.12	74.05	64.96	71.35	76.98	63.47
15	辽宁	70.09	74.78	64.12	69.24	78.53	64.73
16	河南	69.43	73.06	64.94	67.09	76.46	66.34
17	江西	68.65	70.50	65.40	67.36	77.88	62.48
18	河北	66.32	71.68	61.91	67.11	64.76	65.74
19	甘肃	64.86	66.49	60.99	63.11	72.93	63.27
20	贵州	64.54	67.44	64.84	63.16	61.94	61.25
21	山西	64.45	67.23	62.60	66.92	61.94	62.13

续表

排名	地区	综合指数	创新投入指数	创新绩效指数	创新人才指数	创新平台指数	创新生态指数
22	宁夏	64.41	69.69	61.35	65.85	61.73	60.69
23	黑龙江	64.12	66.09	62.11	65.50	62.89	64.28
24	云南	64.11	68.39	61.77	63.33	62.79	62.05
25	吉林	63.92	63.34	62.50	67.10	64.87	63.92
26	内蒙古	63.45	66.38	60.56	66.03	62.47	61.51
27	新疆	63.27	62.42	60.04	63.89	72.81	61.54
28	广西	63.26	63.75	62.83	64.03	63.19	62.08
29	海南	62.72	63.48	63.85	62.02	60.87	60.99
30	青海	61.37	61.57	61.53	61.77	60.87	60.43
31	西藏	60.38	60.29	60.99	60.00	60.00	60.00

(四) 评价结果分析

为更简单直观地展现高水平创新型省份建设的评价结果，在分析中将指标得分在80分以上的省份列为第一梯队，指标得分70~80分的省份列为第二梯队，指标得分70分以下的省份列为第三梯队。根据评估结果，可以发现浙江省在高水平创新型省份建设方面有以下几个特点。

1. 浙江省高水平创新型省份建设综合指数排名全国第5位，在创新型省份中仅次于广东省和江苏省

从综合指数来看，北京市、上海市、广东省、江苏省为第一梯队，浙江省、天津市等11个省份为第二梯队，河南省、江西省等16个省份为第三梯队。浙江省高水平创新型省份建设综合指数为75.72分，位于为第二梯队首位，但与全国排名第4位、第一梯队最末位的江苏省存在4.54分的分差，差距较大。

2. 浙江省创新投入指数排名全国第5位，其中企业R&D投入强度排名全国前列

浙江省创新投入指数得分为83.04分，与北京市、上海市等6个省市共同进入第一梯队。在 31 个省份中，北京市创新投入指数得分为 96.19 分，远高于其他省份；上海市得分为 88.71 分，排名全国第 2 位；其后为广东省、江苏省、浙江省与天津市，得分在 81.47～83.39 分之间，彼此较为接近。

从二级指标来看，2018 年浙江省 R&D 经费投入强度为 2.57%，排名全国第 6 位，与北京市（6.17%）、上海市（4.16%）相比差距较大，与创新型省份广东省（2.78%）、江苏省（2.70%）相比也有一定的差距。在企业 R&D 经费支出占主营业务收入比重指标上，2018 年浙江省以 1.61% 的占比排名全国第 1 位，江苏省则以 1.53% 的占比紧随其后。

从创新投入的评价结果可以看出，浙江省在全社会 R&D 投入方面的优势并不明显，但企业创新的积极性很高，企业创新主体的地位已经得到确立（见表 3-5）。

表 3-5 浙江省创新投入指数得分情况

一级指标	标准分	全国排名	二级指标	指标值	标准分	全国排名
创新投入	83.04	5	R&D 经费投入强度/%	2.57	75.68	6
			企业 R&D 经费支出占主营业务收入比重/%	1.61	100.00	1

3. 浙江省创新绩效指数排名全国第 9 位，高技术产业创新绩效不佳

浙江省创新绩效指数得分为 67.80 分，位于第三梯队。创新绩效得分最高的为北京市（95.82 分），与排名第 2 位的广东省（78.19 分）拉开了很大的差距。广东省、上海市、江苏省、重庆市居于第二梯队，而浙江省仅进入第三梯队，位于天津市、四川省、陕西省等省市之后。

从二级指标来看，2018 年浙江省每万人发明专利拥有量为 23.29

件，全国排名第 4 位，但由于北京市每万人发明专利拥有量达到 112.02 件，远超其他省份，因此浙江省该指标得分并不高，仅为 67.81 分。2018 年浙江省技术合同交易输出额为 590.66 亿元，而北京市技术合同交易输出额为 4957.85 亿元，其技术市场交易的活跃程度远远高于国内其他省份，使得该指标下只有北京市进入了第一梯队，广东省以 71.02 分的得分勉强进入第二梯队，其他省份得分均在 70 分以下。2018 年浙江省高技术产业主营业务收入占规模以上工业企业主营业务收入比重为 10.49%，位于全国第 14 位，是相对劣势的指标。根据该指标标准分，广东省、重庆市、北京市、江苏省和上海市居第一梯队，四川省、天津市等 12 个省份进入第二梯队，浙江省位于第二梯队偏下的位次。

浙江省在创新绩效方面的整体表现不佳，一方面，由于北京市、上海市的创新产出成果突出，导致其他省份的评价标准分偏低；另一方面，浙江省技术市场交易的活跃程度和高技术产业创新产出情况不及其他创新型省份。高技术产业创新绩效不佳，是浙江省高水平创新型省份建设的最大短板（见表 3-6）。

表 3-6　浙江省创新绩效指数得分情况

一级指标	标准分	全国排名	二级指标	指标值	标准分	全国排名
创新绩效	67.80	9	每万人发明专利拥有量/件	23.29	67.81	4
			技术合同交易输出额/亿元	590.66	64.77	10
			高技术产业主营业务收入占规模以上工业企业主营业务收入比重/%	10.49	70.96	14

4. 浙江省创新人才指数全国排名第 5 位，人力资源整体科技素质较高

浙江省创新人才指数得分为 79.41 分，居于第二梯队，略低于江苏省的 79.69 分。第一梯队为北京市（99.72 分）、上海市（92.15

分）和天津市（81.79 分），北京市和上海市分别作为全国的政治中心、经济中心，优秀人才集聚效应极强，创新人才指数得分遥遥领先。

从二级指标来看，2018 年浙江省每万名就业人员中研发人员达到 119.41 人年，评价标准分为 81.60 分，站上了第一梯队，排名全国第 3 位，仅次于北京市和上海市。2018 年浙江省公民具备科学素质的比例为 11.12%，排名全国第 5 位。根据该指标的标准分，居于第一梯队的是上海市、北京市和天津市。浙江省位于第二梯队，排名在江苏省之后，在创新型省份中名列前茅。

浙江省在创新人才方面略有优势，但其中对于每万名就业人员中研发人员指标，排在浙江省之后的江苏省、广东省分别达到 117.93 人年和 117.19 人年；对于公民具备科学素质的比例指标，排在浙江省之后的广东省达到 10.35%，指标值与浙江省差距较小，有迎头赶上的趋势，需要注意（见表 3-7）。

表 3-7 浙江省创新人才指数得分情况

一级指标	标准分	全国排名	二级指标	指标值	标准分	全国排名
创新人才	79.41	5	每万名就业人员中研发人员/人年	119.41	81.60	3
			公民具备科学素质的比例/%	11.12	77.78	5

5. 浙江省创新平台指数全国排名第 10 位，国家重点实验室等高水平研发机构不足

浙江省创新平台指数得分为 78.02 分，居于第二梯队。创新平台指数得分最高的是江苏省，得分为 88.69 分，其次是北京市，得分为 85.37 分，广东省、湖北省、山东省也进入了第一梯队行列。

从二级指标来看，2018 年浙江省拥有国家高新区 8 个，与辽宁省、湖南省和四川省并列全国第 6 位，居第二梯队。第一梯队为江苏省、广东省、山东省、湖北省和江西省，其中国家高新区数量最多的是江苏省，拥有18个国家高新区。国家自主创新示范区的建设始于2009年，北京中关村国家自主创新示范区获得科技部批复，成为第一个国家自主创新示范区。浙江省于2015年和2018年分别获批了杭州国家自主创新示范区和宁波温州国家自主创新示范区。截至2020年，全国共建设有21个国家自主创新示范区。截至2019年，浙江省国家重点实验室个数为12个，在10个创新型省份①中排名第9位，仅高于福建省，低于北京市、上海市和天津市以及吉林省。

浙江省创新平台的发展情况略微落后，尤其是在高能级科研平台的建设方面比较欠缺。国家高新区个数和国家重点实验室个数均落后于多数创新型省份和直辖市，仅国家自主创新示范区建设赶上了其他省份的脚步（见表3-8）。

表3-8 浙江省创新平台指数得分情况

一级指标	标准分	全国排名	二级指标	指标值	标准分	全国排名
创新平台	78.02	10	国家高新区个数/个	8	77.78	6
			国家自主创新示范区	有	100.00	1
			国家重点实验室个数/个	12	63.26	13

6. 浙江省创新生态指数全国排名第6位，形成了良好的创新创业氛围

浙江省创新生态指数得分为71.15分，在第二梯队中处于偏下的位次。创新生态指数得分最高的是北京市（85.01分），其次是江苏省（84.24分），广东省（82.22分）也进入了第一梯队。第二梯队中，山东省（73.12分）和上海市（72.36分）得分高于浙江省，但

① 科技部批准建设的创新型省份包括广东省、江苏省、浙江省、山东省、湖北省、陕西省、湖南省、四川省、安徽省、福建省。

标准分差距不大。

从二级指标来看,浙江省在孵企业数和万人移动互联网用户数指标的得分分别为80.01分和83.35分,居于第一梯队。其中,2018年浙江省在孵企业数为15709家,约为江苏省在孵企业数31382家和广东省在孵企业数30928家的一半,也低于山东省在孵企业数16840家,但与其他省份相比优势较明显,排名全国第4位。2018年浙江省万人移动互联网用户数为11911.52户,低于北京市15279.16户、上海市12508.25户和广东省12433.40户,排名全国第4位,信息化程度优于全国大多数省份。

从创新生态指数的评价结果可以看出,浙江省创新生态环境建设取得了一定成就,两项指标排名均达到全国领先水平,在创新型省份中也处于比较靠前的位次(见表3-9)。

表3-9　浙江省创新生态指数得分情况

一级指标	标准分	全国排名	二级指标	指标值	标准分	全国排名
创新生态	71.15	6	在孵企业数/家	15709	80.01	4
			万人移动互联网用户数/户	11911.52	83.35	4

二、高水平创新型省份建设的总体思路

(一)指导思想

坚持以习近平新时代中国特色社会主义思想为指导,对标习近平总书记赋予浙江省的新目标、新定位,深入实施"八八战略",把人才强省、创新强省作为首位战略,牢牢把握战略窗口期、历史交汇期和攻坚关键期,以"三个地"的责任感、使命感,坚定走中国特色自主创新道路,坚持制度创新和科技创新双轮驱动,面向世界科技前沿、面向经济主战场、面向国家重大需求,以超常规举措打造人才引

领优势、创新策源优势、产业创新优势和创新生态优势，全面构建具有全球影响力、全国一流水平和浙江特色的全域创新体系，全面增强自主创新能力，成为"两个高水平"和"重要窗口"建设的强大持久动力和鲜明标志，成为我国建设世界科技强国、育新机开新局的中坚力量。

（二）战略定位："三高地一中心"

（1）具有全球影响力的三大科技创新高地。深度聚焦"互联网+"、生命健康、新材料三大引领性产业，构建一批国际化重大创新平台，突破一批领跑全球的关键核心技术，培育一批国际一流的领军型企业，打造一批世界级的新兴产业集群，加速推动产业基础高级化和产业链现代化，加快形成明显竞争优势，全面提升产业在全球价值链中的层次。

（2）具有全球吸引力的国际创新创业中心。以更加开放的姿态融入全球创新网络，加快构建一批具有全球吸引力的高能级产业创新平台、创业孵化平台、人才集聚平台、成果交易转化平台、科技金融服务平台，充分集聚和利用全球高端创新产业、创新人才、创新成果、创业资本，打造国际一流的创新创业生态系统，充分激发各类创新主体的创新动能，建设独具特色的全球创新创业策源地。

（三）基本原则

（1）更加注重高原造峰，打造创新策源优势。聚焦国家战略和浙江需求，聚力已有优势和潜在优势，注重差异化发展，加强主动谋划和前瞻布局，集中各种资源力量，加速催生原始创新成果和创新品牌，加快实现优势领域的重点突破、跨越发展，不断巩固领跑地位，形成科技创新的策源优势。

（2）更加注重协同攻关，抢占技术制高点。充分发挥社会主义集中力量办大事的制度优势和市场机制配置资源的决定性作用，完善"企业出题、政府立题、协同联动解题"的技术创新体系，促进创新链、产业链、资金链、政策链"四链融合"，强力推进关键核心技术攻关，不断抢占技术制高点，牢牢把握发展主导权。

（3）更加注重开放联动，集聚高端创新资源。坚持全球视野、区域联动、协同创新，深度融入长三角一体化发展和"一带一路"建设，加强跨区域、跨领域创新力量优化整合，加速嵌入全球创新版图，汇聚国际国内优质创新资源，构建更加高效协同的创新网络，实现更高水平、更高层次的开放创新。

（4）更加注重统筹协调，提升科技治理能力。在充分发挥市场配置资源决定性作用的基础上，更加注重发挥政府的统筹协调和战略引导作用，强化科技创新体系建设和科技治理能力建设，提高科技安全治理水平，全方位推进数字赋能，促进科技创新的全领域覆盖、全链条布局、全主体协同，实现有效市场和有为政府的有机统一，进一步提升新供给的质量和效益。

三、高水平创新型省份建设的目标

到2025年，以"全区域开放协同、全产业高端跃升、全主体联动创新、全要素集聚融合、全方位治理创新"为特征的全域创新格局基本形成，初步建成科技创新综合实力全国领先、特色领域创新具有全球影响力、区域创新体系有力支撑现代化建设的高水平创新型省份，成为"重要窗口"的核心支撑。

（1）着力推动"互联网+"、生命健康和新材料三大科创高地建设。基本建成国际一流的"互联网+"科创高地，初步建成国际一流的生命健康和新材料科创高地。在类脑芯片、人工智能、量子信息、未来网络和智能感知等领域取得重大创新突破，形成数字安防、云计算大数据、电子商务等3~5个世界级数字经济产业集群和5~8家千亿级企业，加快建成数字经济"三区三中心"。在结构生物学、肿瘤与分子医学、脑与脑机融合、生命健康大数据、传染病医学等领域实现领跑，在化工新材料、高性能纤维及复合材料、高端磁性材料、氟硅钴和光电新材料等领域达到国际先进水平，分别形成若干千亿级产业集群和一大批领军企业，加快建成世界先进的生物医药研发中心和新材料产业创新中心。

（2）基本建成以城西科创大走廊为引领的面向世界的创新策源地。之江实验室、西湖实验室成为国家实验室体系的重要支撑，浙江大学打造世界一流的综合性研究型大学，西湖大学成为世界一流新型研究大学，国际一流科研机构、世界一流大学和一流学科加快建设。

（3）着力优化全域创新体系和创新生态，在创新人才队伍、创新体制机制、创新重大平台建设上取得重大突破。"最多跑一次"改革牵引全面创新改革，社会主义市场经济条件下关键核心技术攻关新型举国体制的浙江实践取得明显进展，在三大科创高地领域集聚一大批顶尖人才、科技领军人才和青年科技人才，创新空间布局和产业平台体系明显优化，科技金融服务体系建设取得新突破，科技型智能化生活成为民生福祉的鲜明标识，"产学研用金、才政介美云"十联动的创新生态体系更加完善。

（4）着力实现重要指标"六倍增六提升"。基础研究经费占研发经费比重、PCT国际发明专利申请数、数字经济增加值、高新技术企业数、科技型中小企业数、顶尖人才和科技领军人才数等方面奋力实现倍增。全社会R&D经费支出占GDP比重力争达3.3%，规模以上工业企业R&D经费支出占营业收入比重力争达2.5%，高新技术产业增加值占规模以上工业增加值比重超过60%，每万名就业人员中研发人员达185人年，全社会劳动生产率达25万元/人，科技进步贡献率超过70%。

到2035年，建成高水平创新型省份和科技强省，在世界创新版图中确立特色优势、跻身前列，为以人民为中心的高水平社会主义现代化建设奠定坚实基础。

（5）三大科创高地全面建成。国际化创新平台、领军企业、顶尖人才有力支撑全球先进制造业基地，基础研究和原始创新能力达到国际一流水平，在"互联网+"、生命健康、新材料等若干战略领域实现全球领跑。

(6) 涵养全球创新人才的蓄水池基本建成。会聚一批"高精尖缺"创新人才,重点领域形成人才高峰,培养若干杰出青年科学家及创新型浙商队伍,成为最具影响力、吸引力的国际人才流入地之一。

(7) 具有国际竞争力的全域创新体系全面形成。高峰高原与特色基础有机结合,创新链、产业链、人才链、资金链深度融合,形成在全球有影响力的具有浙江特色的"互联网+成果转化"平台和全球技术转移枢纽中心,创新的系统效应和整体效能全面提高。

(8) 彰显中国特色社会主义制度优越性的创新体制率先形成。科技创新制度和组织体系全面完善,建成具有国际竞争力的以企业为创新主体、市场为导向、产学研深度融合的技术创新和产业创新体系。市场配置创新资源的决定性作用和集中力量办大事的制度优势充分发挥。

(9) 科技型智能化新生活普及普惠。数字政府、智慧城市、智慧乡村、美丽浙江、未来社区基本建成,人口健康、生态环境、公共安全和社会治理等领域新技术广泛应用,科技创新充分改善人民生活的多个领域,人民群众获得感、幸福感、安全感全面提升。

浙江省高水平创新型省份建设目标如表3-10所示。

表3-10 浙江省高水平创新型省份建设目标

指标	2019年	2025年	2035年
科技进步贡献率/%	63.50	70.00	75.00
全社会R&D经费支出占GDP比重/%	2.68	3.30	>3.50
全社会劳动生产率/(万元/人)	16.20	25.00	50.00
规模以上工业企业R&D经费支出占营业收入比重/%	1.68	2.50	3.00
高新技术产业增加值占规模以上工业增加值比重/%	54.50	60.00	70.00
每万人发明专利拥有量/件	28	65	>150
每万名就业人员中研发人员/人年	138	185	300
公民具备科学素质的比例/%	12.00	16.50	25.00

四、高水平创新型省份建设的主要任务

根据上述定位与目标,浙江省高水平创新型省份建设的主要任务有以下几个方面。

(一)加快新基建等科学基础设施建设,提升原始创新能力

与传统基建相比,我国新型基础设施建设的内涵更加丰富,涵盖范围更广,为我国培养新一代科技创新型领军企业提供了难得的重要机遇。[1] 加快新型基础设施建设,既是扩大有效需求和供给侧结构性改革的有效抓手,也是深化数字浙江建设的重要支撑,还是浙江高质量发展的底座基石,更是"重要窗口"建设的重要内容。加快新基建等科学基础设施建设,提升原始创新能力的主要着力点有以下几个方面。

1. 实施新型基础设施建设三年行动计划

根据《浙江省新型基础设施建设三年行动计划(2020—2022年)》,实施数字基础设施建设、整体智治设施建设、生态环境设施智能化建设、交通物流设施智能化建设、清洁能源设施智能化建设、幸福民生设施智能化建设、重大科研设施建设、产业创新平台建设、产业融合发展和应用场景创新等十大专项行动。其中,要着力推进重大科研设施建设。

(1)大力推进大科学装置建设。完成超重力离心模拟与实验装置建设,打造全球容量最大、应用范围最广的超重力多学科开放共享实验平台。围绕数字经济、生命健康、物理学、海洋科学等领域,依托浙江大学、阿里巴巴、之江实验室、中国科学院肿瘤与基础医学研究所、北京航空航天大学杭州创新研究院等优势主体,加快推进建设新一代工业控制系统装置、量子精密测量与传感系统、重离子肿瘤精准治疗装置、城市大脑等重大科技基础设施(装置),打造国际引领性

---
[1] 余江,陈凤. 把握新基建机遇 培育未来科技创新领军企业[N]. 科技日报,2020-06-19.

大科学装置集群。到 2025 年，全省建成大科学装置 2 个以上。围绕芯片设计、操作系统等软硬件基础平台，将工业互联网平台、阿里 eWTP（电子世界贸易平台）等建设成为国际公共科研大平台。

（2）推进杭州、德清新一代人工智能创新发展试验区建设，支持宁波创建新一代人工智能创新发展试验区，支持乌镇建设互联网创新发展试验区。加快阿里巴巴城市大脑、海康威视视频感知、华为基础软硬件，以及之江实验室天枢开源等人工智能开放平台建设。支持建设野外科学观测研究站、重要种质资源库、中国人脑库等重大基础科研平台。

2. 拓展新场景应用

在新基建的基础上，拓展新场景应用。聚焦人工智能、5G、物联网、大数据、区块链、生命科学、新材料等领域，以应用为核心，通过试验空间、市场需求协同带动业态融合、促进上下游产业链融通发展，推动新经济从概念走向实践、转换为发展动能，促进科技型企业加快成长。

为把握住产业数字化、数字产业化机遇，在危机中育新机、于变局中开新局，让新技术、新模式在场景中验证，在场景中迭代，在场景中示范，建议浙江省实施"新场景方案"。"新场景方案"不求面面俱到，建议根据当前新需求，推出有基础、可操作、"能解渴"的八个重点任务，即八个面向。①面向智能交通，部署 5G 车联网路侧基础设施，建设云平台，实现 L4/L5 级自动驾驶在城市出行、物流运输等场景应用，构建绿色安全智慧出行体系。②面向智慧医疗，推进"1+N+1"互联网医院建设，整合线上和线下医疗资源，推进医联体和"智慧医院"建设，推进人工智能等技术与医药健康交叉融合。③面向城市管理，推广杭州城市大脑场景的组织经验，重点建设智慧社区、环境治理等应用场景，大力发展城市科技，提升城市精细化管理水平。④面向政务服务，聚焦"最多跑一次"改革，推进"减材料、减跑动、减时限、减环节"，实现工作日全程交互式在线实时服务，赋能效率提升。⑤面向线上教育，建设数字资源共享交换中心和统一服务门户，试点建设智慧校园，以数字化驱动教育现代化。⑥面向"科技亚运"，围绕办赛、参赛、观赛等重点环节和重点区域，加强数字孪生、云转播、沉浸式观赛、复眼摄像、多场景一脸通行等智能技术体验布局。建设杭州奥体中心智慧示范园区，推动自动驾驶、智慧导览、高清直播、虚拟体验、智能机器人、数字化3D重建等技术在园区应用。⑦面向产业升级，加大应用场景开放力度，推动智能化、数字化转型，助推平台经济、共享经济、在线经济等新兴服务经济发展。⑧面向长三角一体化，将工业升级改造应用场景列为长三角协同创新重要内容，加强与上海市、江苏省和安徽省对接，聚焦重点行业智能化、数字化升级改造需求，支持企业参与四地场景建设，搭建相关工业互联网平台，加快区域产业链、供应链协同合作，共同构建产业创新生态。

在具体实施中：一是更加注重场景布局的针对性，直面难点痛点问题，汇聚资源，搭建平台，解决需求；二是更加强调场景项目的可推广和可复制，以及场景设计的商业模式和市场价值，通过场景验证，形成应用示范；三是更加突出场景组织的竞争性、公平性和开放性，避免单一垄断，吸引更多企业参与；四是更加明确场景机制保障的创新性，由之前的政府牵头转变为政府"搭台"、企业"出题"、企业"答题"；五是更加注重推广应用场景最佳实践，打通应用场景落地的"最后一公里"，以"数据应用渗透率论英雄""数据质量论英雄""数据价值转化论英雄"，在杭州城西科创大走廊等重点区域先行试验，建立创新应用场景孵化平台和实践区。

3. 加快构建新型实验室体系

完善实验室梯度培育机制，加快构建由国家实验室、国家重点实验室、省实验室、省级重点实验室等组成的实验室体系。

（1）主动融入国家实验室布局。加快推进浙江省与中国科学院合作共建之江实验室，发挥混合所有制优势，在智能感知、智能计算、智能网络和智能系统等领域取得一批原创性重大科研成果，力争打造智能计算及应用国家实验室。谋划推进生命健康、新材料等重点领域融入国家实验室布局，力争成为国家"预备队"或重要基地。

（2）大力培育国家重点实验室。聚焦前沿性、前瞻性、专业性，推动在浙国家重点实验室数量和质量的跨越发展。积极创建省部共建、军民共建国家重点实验室。支持浙江省农科院与宁波大学联合创建"农产品质量安全危害因子与风险防控国家重点实验室"，浙江工业大学创建"绿色化学合成技术国家重点实验室"，西湖大学创建"结构生物学国家重点实验室"，中电海康集团创建"自旋电子与集成电路系统国家重点实验室"，浙江大学创建"区块链技术国家重点实验室"等。支持阿里巴巴集团和杭州市推进国家数据智能技术创新中心建设。力争到2025年，国家重点实验室等国家级科技创新基地达到60个，实现翻番。

（3）加快建设浙江省实验室。面向解决重大科学问题和产业创新发展需要，聚焦数字经济、生命健康、新材料等科创高地建设，坚持主动设计布局、跨领域联合组建、地方主导创建相结合，在人工智能、集成电路、智能安防、精准医疗、肿瘤诊治、新材料、先进制造、绿色石化、智慧交通、海洋科技等重点领域，建设10个国际一流的高水平省实验室，使之成为基础研究与应用基础研究、产业化对接融通的引领阵地和源头支撑。首批支持之江实验室、良渚实验室、西湖实验室、湖畔实验室等4个浙江省实验室。对于省实验室，省财政给予每家1亿元，连续5年支持。

（4）优化省级重点实验室体系。按照优化提升一批、整合重组一批、谋划新建一批的要求，优化调整省级重点实验室布局，坚持建管结合、动态管理，积极探索"信用制"建设，加快推进省级重点实验室提质增效。优先支持企业牵头与高校、科研院所等共建联合实验室，支持省级重点实验室以学科发展需求为基础，以开展多学科协同研究为纽带，探索组建联合实验室和实验室联盟，努力打造协同创新共同体。

4. 加快推进一流高校院所建设

支持浙江大学加快建设世界一流大学，推进中国美术学院、宁波大学建设一流学科，支持西湖大学发挥体制机制优势，加快建设高水平研究型大学，扶持浙江工业大学等省重点建设高校创建国内一流大学，支持一批学科特色鲜明的高校创建高水平特色大学。到2025年，浙江省高水平大学数量达到10所以上，50个以上的学科达到国家一流学科建设标准，80个以上的学科进入ESI学科前1%，若干学科进入世界一流学科行列。发挥国家海洋二所、中电52所、中国水稻所、浙江清华长三角研究院、中科院宁波材料所、省农科院、省水科院、省医科院等省部属科研院所的作用，支持科研院所深化改革，引进人才，加强基础研究与应用基础能力建设，着力提升知识创新能力与核心技术有效供给能力。

（二）抓好"双尖双领"计划，加强关键核心技术攻关

实施基础研究的"尖峰计划"、关键核心技术攻关的"尖兵计划"和抢占科技制高点的"领雁计划"、对接国家战略的"领航计划"，努力提升浙江省关键技术攻关能力，抢占技术制高点。

1. 实施基础研究的"尖峰计划"

以提升原始创新能力为目标，在量子信息、人工智能、新一代通信与智能网络、新一代区块链、面向后摩尔时代芯片、先进制造、精准诊疗、新药创制、冠状病毒感染防治、新型生物医用材料和器械、前沿新材料、绿色工业化学、精准农业、生态与环境、数学、力学等16个重点领域，通过国家联合基金和省杰青支持等方式，每年实施100项左右面向未来的重大基础研究项目，加快取得一批前瞻性、原创性重大成果，在部分领域实现领跑。鼓励有条件的地市与省自然科学基金设立省市联合基金，带动地方5年投入2亿元；鼓励创新型领军企业与省自然科学基金设立联合基金，向企业开放省自然科学基金申报渠道，提升企业开展基础研究和应用研究的能力。

2. 实施关键核心技术攻关的"尖兵计划"

以技术安全自主可控为目标，迭代梳理"一图三清单"（产业链地图和重点产业关键核心技术清单、急用先行技术清单、前沿技术清单），聚焦产业链、供应链"卡脖子技术"，按照"急用先行，重点突破"的原则，在数字安防、射频芯片、自主可控智能网联汽车、高性能工业机器人整机、区块链软硬件核心技术国产化、脑机融合、难治性恶性肿瘤新型治疗技术和新药创制、数字医学技术及系统、新型显示及储能材料与器件、智能海洋感知与装备等领域，每年实施100项左右重大关键核心技术攻关项目，加快开发应用一批填补空白的重大成果和产品，有效降低技术对外依存度。

3. 实施抢占科技制高点的"领雁计划"

以高原造峰为目标，按照"长远部署，系统推进"的原则，从已有优势和潜在优势出发，在专用芯片、人工智能与融合应用、区块链、新一代网络通信与时空技术、先进制造与智能装备、氢能与燃料电池、新型柔性与磁性材料、重大疾病精准诊疗、创新药物与高端医疗器械、数字农业关键技术与装备智能微系统、环境与资源循环利用等领域，每年实施100项左右优先布局的重大引领性项目，力争取得一批具有重大影响的标志性成果。

4. 实施对接国家战略的"领航计划"

以融入国家战略布局为目标，充分调动高校院所和优势企业发挥勇立潮头的担当精神，主动对接国家重大战略任务，每年争取100项左右国家科技创新2030重大项目、重点研发计划项目、重大自然科学基金项目落地浙江，引领浙江在更高水平上创新发展。对接国家科技创新2030重大项目，加强国家网络安全空间、大数据、智能制造和机器人、新一代人工智能、脑科学与类脑科学、重大新药创制、生物种业等领域的研究；对接国家重点研发计划项目，积极开展新能源汽车、高性能计算、增材制造与激光制造、癌症防治、蓝色粮仓、绿色宜居等领域的研究；对接重大自然科学基金项目，围绕量子信息、通信网络、先进制造、精准医疗、先进材料、海洋环境等领域的重大需求和国家战略部署，吸引和凝聚全国一流的科学家开展基础研究的协同创新。

（三）加强企业创新主体培育，形成产业创新体系

实施科技企业"双倍增"行动计划，扩大高新技术产业有效投资，打造重量级未来产业集群，形成有浙江特色的产业创新体系（详见第八章）。

1. 实施科技企业"双倍增"行动计划

完善"微成长、小升规、高壮大"科技型企业梯次培育机制，建立健全高成长企业、独角兽企业挖掘培育机制，重点在"互联网+"、生命健康、新材料三大高地领域培育一批新经济企业，抢占全球价值链高端。聚焦软件与集成电路、高端装备、生物医药、节能环保、新能源、新材料等优势领域，培育一批细分领域的"单项冠军"和"隐形冠军"。切实加强具有产业链控制能力和国际竞争力的"头部企业"的培育力度，增强全球资源配置能力。引导国有企业发挥体制优势，加强产学研协作，提升自主创新能力，更好地发挥主力军作用，实现研发经费年均增长15%以上。围绕标志性产业链打造，实施产业链协同创新项目，构筑产业链上下游企业共同体。全面推进规模以上企业研发机构全覆盖，加快完善企业技术创新体系。到2025年，全省高新技术企业达3.3万家，科技型中小企业达10.5万家，培育形成100家有国际影响力的创新型领军企业，新建重点企业研发机构400家。规模以上工业企业R&D经费支出占营业收入比重达2.5%；全省高新技术产业增加值占规模以上工业增加值比重达到60%以上。

2. 完善技术创新中心体系

围绕战略性新兴产业培育，聚焦三大科创高地建设，突出关键核心技术攻关和重大创新成果产业化，加快构建由国家技术创新中心、省技术创新中心、省级企业研发机构等组成的特色优势明显的技术创新中心体系。支持领军企业联合产业链上下游企业和高校、科研院所组建技术创新联盟，推动重大技术成果中试熟化与工程化、产业化，

推动重点产业进入全球价值链中高端。支持阿里巴巴集团和杭州市推进国家城市大脑技术创新中心建设。到 2025 年，争取综合类国家技术创新中心在浙江布点，争创领域类国家技术创新中心 1~2 家，建设一批省技术创新中心，新建省重点企业研究院 100 家、省企业研究院 1000 家，省高新技术企业研发中心数量大幅增加，技术创新水平和国际影响力显著提升，若干重点产业进入全球价值链中高端（详见第八章）。

3. 扩大高新技术产业有效投资

把握新基建机遇，加快建设大数据中心、5G 设施、人工智能、工业互联网等重点新型基础设施，实施杭州钢铁股份有限公司浙江云计算数据中心、之江实验室 5G 车联网高速公路数字孪生平台、宁波和利时工业互联网平台等一批重大项目。进一步完善重大高新技术产业投资项目库，强化政企联动，优化要素保障，用好国家土地审批权下放试点，优先保障高新技术产业重大项目用地需要。围绕三大高地产业领域，推动实施一批前期研究基础扎实、技术含量高、产业辐射带动性强的高新技术产业化项目。在集成电路先进工艺生产线和新型显示、通信网络、服务器及智能终端等方面，实施中芯绍兴 MEMS 和功率器件芯片制造及封装测试生产基地项目、中晶年产 1200 万片 300 毫米大硅片项目等。在生物制药、高端医疗器械、数字诊疗等方面实施华东医药江东项目二期、浙江华海生物科技有限公司生物园区制药及研发中心项目等。在重要化工基础原料、先进高分子材料、高端专用化学品、新型功能性纤维等方面，实施浙江石油化工有限公司 4000 万吨/年炼化一体化项目、宁波中金石化有限公司 300 万吨 PTA 项目等。到 2025 年，高新技术产业投资达 6000 亿元。

4. 打造重量级未来产业集群

抢抓全球产业链重构机遇，加快建设环杭州湾高新技术产业带、温台沿海民营经济产业带和衢丽"两山"转化产业带，培育一批未来产业先导区。坚持围绕产业链部署创新链，聚焦十大标志性产业链，大力培育人工智能、航空航天、生物工程、量子信息、柔性电子、前沿新材料等具有国际影响力的未来产业。围绕强链补链关键技术，强化"基础研究、应用研究、产业技术研究、成果转化、应用示范"全链条设计、一体化实施，推动优势产业链向中高端跃升，打造数字安防、汽车及零部件、绿色化工、现代纺织和服装等世界级先进制造业集群和优势制造业集群。

（四）打造网上技术市场3.0版，推进国家科技成果转移转化示范区建设

坚持以市场应用为导向，强化从基础研究、技术攻关、成果转化到应用示范的全链条创新设计、一体化组织实施，系统推进重点产业领域的补链、强链、扩链，提升核心技术支撑能力。

1. 打造网上技术市场3.0版，形成技术交易平台体系

围绕改善产业创新的技术成果供给，全面打造网上技术市场3.0版，通过运用云计算、大数据、人工智能、区块链等技术，建设全国一流的科技成果转移转化示范区和面向全球的技术转移枢纽。加强与国内外各类成果转化平台合作，推进科技企业孵化器、众创空间、"星创天地"、示范推广基地等服务平台建设。围绕建设全球技术转移枢纽，加快中试平台、市场体系建设，培育技术经理人，建设大数据交易市场，布局建立知识产权集群，完善知识产权交易平台体系，打造"浙江拍"品牌。加快拓展科技大市场的全国及海外布局版图，加强与长三角等省外国外科技大市场的交互融通，构建辐射全国、链接全球的技术交易平台体系。

2. 开展科技成果转化专项行动

推动需求侧拉动科技创新与成果转化，完善"首台套、首批次、首版次"政策，打造一批新技术、新产品、新业态示范应用工程，推动产品、技术和生态在应用中持续迭代升级。以数字核心技术突破为出发点，推进应用场景创新，鼓励平台经济、共享经济、"互联网+"等新模式、新业态发展。开展科技成果转化专项行动，成立科技成果转移联盟，支持高校、科研院所构建创新成果转化机制。

3. 加快发展科技服务业

推进科技中介机构企业化运作，培育集聚一批重点科技中介服务机构，形成一站式科技成果转移转化产业化的创新服务链。加快发展科技服务业，大力发展科技经纪、信息咨询、检验检测等第三方服务，支持专业化机构为中小企业提供创业辅导、工业设计、流程再造、智能生产等创新型服务，打造科技服务产业集群。支持新技术与新金融深度融合，创建金融科技健康发展试验区，支持杭州加快建设国际金融科技中心。

（五）加强国内外科技精准合作，加快建设长三角创新共同体

加强国内外科技精准合作，打造全球科技精准合作升级版，加快建设长三角创新共同体。

1. 打造全球科技精准合作升级版

（1）打造浙江特色的开放创新合作体系。建立"一个科技合作需求目录、一张合作创新资源地图、一个合作资源信息平台、一批联合攻关科技项目"的供需资源精准分配机制，打造具有浙江特色的开放创新合作体系。基于美国、欧盟、日本、韩国、以色列、新加坡等发达国家和地区及"一带一路"沿线国家科技领域的比较优势，深化与创新大国和关键小国的务实合作。

（2）开展国际科技合作载体提升发展行动。鼓励高校、科研机构、企业在国际创新人才密集区和"一带一路"沿线国家布局国际科技合作网络，创建一批全球精准合作示范平台，打造一批精准合作重点园区和基地，新设一批海外创新孵化中心、国际联合实验室和国际化研发机构。

（3）编制精准合作创新资源地图。结合浙江省重点产业领域的技术需求，利用浙江大学、西湖大学、浙江清华长三角研究院、之江实验室、中科院宁波材料所等高校院所，利用浙江师范大学非洲研究院、浙江外国语大学拉美研究所、浙江金融职业学院捷克研究中心等国别和地区研究机构，利用国际科技合作创新基地、国际科技合作园区、海外创新孵化中心等合作平台，拓展合作渠道和信息资源，制定

省内主体全球精准合作清单（见表3-11），分析重点创新大国和关键小国的优势资源，编制浙江省精准合作创新资源地图，每年形成100家国（境）外重点合作机构名录。创新资源地图重点聚焦网络信息、高端装备和工艺、高性能材料、关键零部件、生物医药等领域，分年度分批编制。

表3-11 省内主体全球精准合作清单

省内主体	合作重点国家和地区	主要技术领域
浙江大学、西湖大学、之江实验室、浙江工业大学等高校、院所科研合作	澳大利亚、巴基斯坦、波兰、德国、俄罗斯、法国、芬兰、韩国、加拿大、马来西亚、美国、南非、挪威、日本、塞尔维亚、沙特阿拉伯、捷克、泰国、乌克兰、乌兹别克斯坦、伊朗、以色列、意大利、印度、印度尼西亚、英国及中国台湾和香港	电气工程、化学工程、环境科学与工程、节能减排、临床医学、农产品加工、农业技术、新材料、新能源、信息通信、医药、智慧城市、资源利用
吉利集团、万向集团、巨石集团、卧龙集团等行业重点企业产业研发合作	美国、德国、日本、英国、加拿大、新加坡、乌兹别克斯坦、埃塞俄比亚、印度	新能源、药物研发应用、大数据、农产品加工、新能源、电池储能技术、环境科学与工程
82家国际科技合作创新基地	美国、日本、德国、俄罗斯、乌克兰、加拿大、芬兰、捷克、韩国、以色列、白俄罗斯	农业、新材料、临床医学、先进制造、海洋科技、资源利用、技术成果转移转化
16家海外创新孵化中心	美国、以色列、加拿大、日本、德国、乌克兰、澳大利亚	生命健康、互联网、汽车制造、精密机械、新材料、医疗器械
创新型领军团队	美国、日本、德国、瑞典、加拿大、乌克兰、英国、澳大利亚、法国、韩国、比利时及中国香港	先进材料、新能源电池、生物医药、智能安防装备、精密设备
海外技术交易市场	德国、日本、美国、瑞士、爱尔兰、法国、奥地利、芬兰、新加坡、荷兰、澳大利亚、俄罗斯、西班牙	造纸工艺、设备制造工艺、药物合成技术、化学合成技术、电池技术、软件系统研发、先进装备制造

（4）建立全球创新项目库和人才库。整合全省国际友城、国际组织、驻外机构、海外留学团体和海外浙商等资源，有效利用驻外使领馆科技合作渠道，进一步发挥贸促会、海外行业科技协会（学会）、华侨华人科技社团、各类中介机构等的作用，通过委托第三方等方式建立海外浙江学子、海外浙商名录库及全球创新项目库、人才库、国际科技智库等。

2. 加快建设长三角创新共同体

（1）破除合作阻力，实施重大科技体制改革。围绕区域协同创新体系基本形成，成为全国重要创新策源地的战略目标，加强长三角城市间的对接融合，分类探索创新服务、创新资源、科技政策和技术市场跨区域一体化发展，畅通创新资源交流渠道，加快形成长三角科技创新示范新格局。以长三角生态绿色一体化发展示范区为试点，探索建立统一的区域性创新券服务平台，提供便捷高效的网上注册、合同备案、科技创新券申领和兑付等一体化服务，推动建立第三方创新券监管机制，着力实现长三角区域内创新券通兑通用。着力打破行政区划限制，打造开放型、面向全球的国际科创要素对接服务平台，开展全方位、紧密的科创合作、产业对接和政策衔接，实现人才、技术、资金、装置、机构、项目等科技创新要素自由流动、自由组合，形成共建共享的区域创新体系。与科技、财政、税务等国家有关部门协商，研究长三角区域高新技术企业跨区域合作和互认机制，建立高新技术企业认定地和项目所在地政策优惠体系。联合开展长三角一体化（网上）创新成果展示、长三角区域创新协同指数发布和长三角科技成果联合拍卖等系列科技创新活动。探索建立长三角地区科技伦理协作委员会、科研诚信信息共享协作机制和科研诚信联合惩戒机制。逐步开展科技咨询专家库共享共建工作。

推进科技计划一体化体制改革，探索建立公开统一的科技创新数据资源中心和信息管理平台，逐步形成政府部门立项、承担单位实施、专业机构评估的全程精细化、专业化、透明化的科技计划管理体制,根据科技计划的类别,创新资助形式。优化科研绩效评价与分配机制,编制高质量科研绩效评价指标,建立评价结果的互通互认机制。三省一市(江苏省、浙江省、安徽省、上海市)联手建立科技创新决策咨询制度,共享共用咨询成果。实施知识价值导向的收入分配,探索跨区域的收入分配税制协调机制。

(2)开展联合攻关,提升关键技术创新能力。将目前的长三角联合攻关资金扩充调整为长三角科技合作基金,三省一市各出1亿元,资金规模达4亿元,重点围绕国家战略和长三角经济社会发展的重大需求,承担集成电路、人工智能、生物医药等重大科技专项,支持开展电子信息、大飞机、"互联网+"等若干战略领域的联合攻关,显著增强长三角自主创新能力。在长三角科技合作基金设立之前,三省一市可以在各自的科技计划中设立支持长三角协同创新项目。目前上海市、安徽省已有类似项目,建议浙江省也可以参照设立。

(3)聚焦战略需求,实施重大平台共建。面向国际科学技术前沿和国家重大需求,加快推进未来网络试验设施、超重力离心模拟与实验装置、高效低碳燃气轮机、纳米真空互联实验站等国家重大科技基础设施建设,合力建设重大科技基础设施集群。以张江、合肥综合性国家科学中心为引领,强化三省一市高端科研创新基地的有效衔接,推动已建重大科研设施面向三省一市开放共享;探索在长三角地区建立科研工作站、跨区域联合实验室;加快建立健全高效的投入机制、政产学研用协同创新机制、高效灵活的管理机制和开放共享的运行机制,着力促进长三角科技基础设施集群化、协同化发展。统筹整合全国优势创新资源,加快推动之江实验室争创信息领域国家实验室,突破世界前沿重大科学问题,不断提升原始创新能力。

围绕区域优势产业、研发领域,整合现有资源,协同布局建立若干高水平的新型研发机构,形成具有影响力的专业性协同创新网络节点,引领长三角区域创新发展。以数字经济为突破,以阿里巴巴等龙头企业为核心，联合打造长三角数字经济协同创新平台；以生命健康产业为突破，联合打造长三角生命健康产业协同创新平台，通过协同创新平台推动区域内产业链分工协作，开展协同研发攻关和"研发+制造"的跨域产业链上下协同。支持浙大国际联合学院、西湖大学、阿里达摩院、中科院宁波材料所、中科院肿瘤与基础医学研究所、浙大杭州国际科创中心、浙江清华长三角研究院、北航杭州创新研究院、中电科长三角创新中心等一批重大创新合作平台建设。

（六）优化区域协同创新布局，打造"五廊两区一带"高能级平台

加快建设杭州和宁波温州国家自主创新示范区，建设杭州城西科创大走廊、宁波甬江科创大走廊、G60科创走廊（浙江段）、温州环大罗山科创走廊、浙中科创走廊，推动环杭州湾区域成为全球重要科技创新中心。

1. 推进国际一流创新带建设

加快推动杭州和宁波温州国家自主创新示范区建设，打造具有全球影响力的"互联网+"科技创新中心、新材料国际创新中心和民营经济创新创业高地。把杭州城西科创大走廊作为全面创新改革的试验田，按照"一个平台、一个主体、多块牌子"的体制架构，推动杭州城西科创大走廊一体化整合、实体化管理、市场化运作。按照创新链和产业链协同的要求，优化区域空间布局，加快杭州西站枢纽"云城"规划建设，拓展科创大走廊两翼，探索将德清相关区块纳入规划管理建设，支持杭州高新区（滨江）、富阳成为联动发展区。推动杭州城西科创大走廊平台、人才、政策、要素集聚和体制机制创新，在网络信息、人工智能等关键核心技术领域取得重大突破，成为世界级科技创新策源地和重大科研基础设施集聚区。推进G60科创走廊（浙江段）建设，发挥杭州创新主引擎和嘉兴副中心的作用，整合提升沿线各类创新平台载体，带动沿线城市联动发展，为全面推动长三角高

质量一体化发展提供重要支撑。推动宁波甬江科创大走廊建设，在新材料、智能制造、生命健康等重点领域取得一批具有自主知识产权的科技成果，培育一批占据全球高端制造业主导权的科技型企业，打造全球一流的新材料与制造领域产业技术创新基地。推动温州环大罗山科创走廊（打造有竞争力的眼健康科创高地）、浙中科创走廊（打造人工智能先行区和数字经济先行区）建设，促进错位布局、融通发展，提升区域创新能级。通过"五廊两区一带"建设，使环杭州湾区域成为全球重要的科技创新中心之一。

2. 推动高新区高质量发展

实施高新区高质量发展行动计划，按照"创建制"的要求，加快推进"平台整合、机构精简、模式创新、机制搞活"，打造一批"万亩千亿"高能级战略平台。以智能化、绿色化、高端化为发展方向，加快构建宜居宜业、开放融通、品质高端的科技新城。推动杭州、宁波国家高新区成为我国创新发展示范区和高质量发展先行区，加快推进台州、舟山、金华、丽水国家级高新区创建进程，推动国家级高新区设区市全覆盖。稳步推进省级高新区加快升级，支持有条件的省级高新区整合提升，引导经济开发区、工业园区向省级高新区转型，力争工业强县省级高新区全覆盖。推动高新区成为产业自主创新的战略高地、培育发展未来产业的核心载体、抢占国际高新技术产业制高点的前沿阵地。到2025年，建成国家级高新区13家以上，现有国家级高新区排名进入全国前50%，支持杭州高新区建设世界一流高科技园区；新创建省级高新区25家，累计达64家；新建高新技术特色小镇20家。

3. 打造标杆型产业创新服务综合体

按照块状经济、现代产业集群"两个全覆盖"的总要求，加快建设集创意设计、研究开发、技术中试、创业孵化等功能于一体的产业创新服务综合体。围绕提升"集聚资源能力、科技服务能力、产业支撑能力"，按照"时效度、匹配度、集聚度、紧密度、通畅度、协同度"的要求，以 KPI 指标体系推动完善综合体运行机制和服务功能，加快构建开放协同、高效的共性技术平台，着力打造一批具有浙江特色的创新综合体标杆。到 2025 年，建成省市县三级产业创新服务综合体 320 家，其中省级 120 家，打造标杆型产业创新服务综合体 20 家以上（详见第十章）。

五、高水平创新型省份建设的对策建议

党的十九届五中全会提出，坚持创新在我国现代化建设全局中的核心地位，把科技自立自强作为国家发展的战略支撑。中共浙江省委十四届七次全体（扩大）会议通过了《关于建设高素质强大人才队伍，打造高水平创新型省份的决定》。本书就如何贯彻落实中央和省委决定的精神，高水平建设创新型省份，提出如下建议。

（一）完善全社会创新投入机制，推动科技金融深度融合

1. 深入实施融资畅通工程，完善科技创新的金融服务体系

充分发挥省创新引领基金和国家科技成果转化引导基金的作用，积极探索通过天使投资、创业投资、知识产权证券化、科技保险等方式推动科技成果资本化。支持银行探索打造实体化服务科技和创新型创业人才的专营机构，条件成熟时争取设立专业银行。积极创新金融服务模式和产品，深入探索股债联动，大力推进知识产权质押融资增量扩面，培育科技型专业保险体系。鼓励支持科技企业对接资本市场，实现上市融资。迭代升级省金融综合服务平台，创新"企业码"金融服务模式。

2. 支持新技术与新金融深度融合

创建金融科技健康发展试验区，支持杭州加快建设国际金融科技中心。加强金融科技基础设施建设，建立政金数据共享机制，健全全省范围的企业信用体系，支持区块链、大数据等金融科技企业发展。

（二）深化科技领域改革，提升科技治理能力，完善科技治理体系

1. 完善科技创新资源配置方式

探索社会主义市场经济条件下关键核心技术攻关新型举国体制的浙江路径，强化政府组织推动、产业链协同、龙头企业牵引和市场化运行，推动创新资源进一步聚焦重点领域、重点项目、重点单位。探索政府与企业共同设立自然科学联合基金，构建基础研究多元化投入机制。组建省科创集团，推动国有资本更多投向科技创新领域。建立健全科技成果评价标准，加大行业优势企业全流程参与科研项目形成、遴选、评审、实施等环节的力度，加快建立市场导向的、重大科技项目由企业牵头组织实施的机制。积极打造线上科技成果路演和展示平台。深化科技成果产权制度改革。开展科技成果权属改革试点，赋予科研人员职务成果所有权和不低于10年的长期使用权。完善职务发明法定收益分配制度，提高科研人员科技成果转化收益分配比例。

2. 深化科研"放管服"改革

完善适应颠覆性创新的研发组织模式，采用择优委托、赛马制、悬赏揭榜等方式，构建关键核心技术攻关的新型体制机制。转变项目管理职能，委托专业机构管理科研项目，探索从技术专家、企业家中聘用项目官员的制度。深化科研放权赋能改革，压实科研单位主体责任，对科研项目实行审计、监督、检查结果互认，一个项目周期实行"最多查一次"。大力推行首席专家负责制，在技术路线、研究方案、经费使用、团队组建等方面充分赋予首席专家主动权；推进项目经费使用"包干制"改革，实行科研项目预算限额制度和"定期报告、按需核拨"的项目经费拨付机制，实施财务报销责任告知与信用承诺制。改革科研成果管理制度，借鉴硅谷科技成果转移转化的经验做法，创新和完善科技成果转移转化利益分配机制，赋予科研人员职务科技成果所有权或长期使用权。推进项目"里程碑式"管理，促进数

据通用共享，减少不必要的审计、监督、检查、评估等活动，让科研人员潜心搞研究。

3. 探索关键共性技术"揭榜制"

"揭榜制"项目不同于传统的财政资金资助的产学研项目。"揭榜制"项目管理以一种社会命题方式启动，政府公开张榜，牵线撮合，辅以资金补助，推动创新资源活跃起来，促进资金、技术、应用、市场等要素有效对接，创造良好的经济效益和社会效益。建议探索实施"揭榜制"科研项目立项和组织机制。"揭榜制"项目应聚焦浙江省重点领域关键核心技术和产业发展急需的重大科技成果，重点瞄准以下主攻方向：数字经济、生命健康、新材料、高端装备制造、海洋经济、现代种业和精准农业、现代工程技术等（详见第十一章）。

4. 加强科研诚信体系建设

完善科研诚信体系，优化激励、惩戒与调查处理制度，完善信息公开、举报投诉、通报曝光等工作机制，推进科研诚信信息平台建设，建立覆盖科研项目全流程的诚信记录体系，推动长三角区域科研诚信协作。深化科技监督机制建设，推动科技评估评价工作科学化、标准化、规范化，积极探索智慧精准的监督方式，构建责权清晰、纵横联动、闭环运行的监督体系。健全科技伦理治理体系，探索建立省级科技伦理委员会或科研诚信建设联席会议制度，完善科技伦理治理模式，提高科技伦理治理能力。到2025年，面向科研人员、企业、事业单位的科技伦理审查与科研诚信评价覆盖率达到100%。

5. 健全新经济管理模式

落实和完善对新技术、新产业、新业态、新模式的包容审慎准入监管制度，分类量身定制监管规则和标准，制定和实施准入负面清单制度，使前置审批逐步向事中事后监管为主转变，通过有效的简政放权释放发展新动能。探索形成新技术、新产品的标准及认定、认证、定价机制。鼓励引导平台经济、共享经济、"互联网+"等新业态、新模式加快发展，探索制定自动驾驶、服务机器人、基因科技等领域的相关安全管理法规，建立保障和规范相关产业健康发展的法律法规和伦理道德框架。对生物制药等创新产品建立便捷高效的监管模式，深化评审审批制度改革。打造一批新技术、新产品、新业态示范应用工程，争创新经济监管改革试验区。

（三）拓展科技创新型产业发展空间，满足用地、用房需求

以科技创新型产业空间的规划、供给和管理三个方面为重点，以满足创新型产业用地、用房需求为主要目的，加强产业空间拓展。

1. 充分保障科技创新型产业用地需求

规划和自然资源部门在编制建设用地供应计划时，应当充分保障高技术产业、战略性新兴产业、未来产业等科技创新型产业用地需求，优先安排科技创新型产业用地。设区市人民政府可以划拨或者协议出让科研用地，保障国家重大科技基础设施建设。科研用地及其地上建筑物应当自用，到期后政府可无偿收回。

2. 建立创新型产业用地弹性供应制度

采用"先租后让""长期租赁""缩短出让年期"等弹性供应创新型产业土地的做法，目前已在浙江省杭州等地开展，在科学合理保障用地需求方面取得了一定成效。建议将弹性供应创新型产业土地的有效做法上升到法规层面，明确政府可以根据科技创新型产业发展要求和意向用地单位经营情况合理确定工业用地使用权出让年限，满足科技创新型产业差异化、多样化的用地需求，降低科技创新型企业初始用地成本，提升土地利用效率。

3. 强化创新型产业用地、创新型产业用房管理

建议借鉴《深圳市工业楼宇及配套用房转让管理办法》制定相关政策制度，并将其上升为法律规定，明确创新型产业用地、创新型产业用房的管理思路，以"限对象、限租金"为原则，规定创新型产业用地、创新型产业用房的申请人和受让人应当为高技术产业、战略性

新兴产业、未来产业等新兴产业的企业，同时对例外情况进行规定；禁止转让通过协议出让方式取得的高技术产业、战略性新兴产业、未来产业园区产业用地或者地上建筑物；同时，对通过协议出租或者协议出让方式取得创新型产业用地使用权建设产业用房出租的行为进行管理，限制通过土地出让方式取得创新型产业用地使用权的土地的用途，以保证科技创新型企业能够高效利用产业用地、产业用房。

（四）集聚高端创新人才，激发科研人才创新创业积极性

1. 率先建立市场配置海内外人才资源新机制

建立健全以需求为导向、企业为主体、市场配置国际人才资源的引才荐才长效机制。探索建立国际人才中介合作联盟。充分发挥国际人才中介的作用，建立人才供给、需求信息、洽谈对接、签约落地服务保障、以才引才等环节无缝衔接的海外人才引进服务链，打通海外人才引进"最后一公里"。鼓励各地以多种方式对人才中介服务机构实行猎聘资助和人才奖补政策，对引才业绩突出、市场信誉良好的人才中介服务机构给予奖励。探索"云对接""云签约"等新型引才对接方式。精准实效办好海外学子浙江行、各类创新创业大赛等活动。稳步开展出入境便利服务等政策试点，支持持有外国人永久居留证的外籍高层次人才创办科技型企业，给予与中国籍公民同等待遇。

2. 创新科技人才培养机制

谋划建设一批创新人才培养示范基地。在杭州城西科创大走廊和部分省重点建设高校试点建设"创新人才培养特区"，赋予其先行先试权限，鼓励其在自主管理、评价机制、培养模式、经费使用等方面积极探索、率先突破，为其打造创新策源地提供持续的政策支持。聚焦加快推进人才国际化战略新需求，实施新一轮"万名国际化人才培养工程"，以创新能力建设为核心，择优选派1万名科学技术、高技能、企业经营管理人才因公出国（境）培训。专业技术人员参加出国（境）培训时间优先纳入继续教育学时。大力实施"鲲鹏计划"等重

大人才工程，鼓励企业建立首席科学家和首席专家制度，实施新时代工匠培育工程和"金蓝领"职业技能提升行动，培养高素质企业创新创业和技术技能人才。启动实施工业科技特派员制度，为科技特派员开展工作提供必要保障，对于科技特派员领衔主持的科技攻关项目优先给予立项支持。到2025年，全省国家级创新人才培养示范基地达到20个，在培养和汇集一流创新人才、产出一流创新成果等方面发挥示范作用。

3. 改革科技人才评价激励机制

全面改革省级人才计划遴选方式，在高水平大学、一流科研院所、领军型企业等实行人才引进推荐认定制。建立更加多元的人才评价体系。注重市场评价、市场认可，把人才的工作履历、薪酬待遇、所获投资额度等作为人才评价的重要依据。建立以科技创新质量、贡献、绩效为导向的分类评价体系，突出标志性成果评价，扭转论文至上的倾向，突出社会贡献和实际成效。推进自然科研系列职称制度改革，建立高层次科技人才职称评审的"绿色通道"，对取得标志性业绩成果的专业技术人员，可直接评审相应的高级职称。探索在重点企业研究院开展科研人员职称自主评聘试点工作。鼓励人才智力密集的科技型企业或行业协会探索开展职称社会化评价。充分发挥省政府"西湖友谊奖"对在浙外籍人才创新创业的激励作用。鼓励在科技创新中做出贡献的外国人才申报国际科学技术合作奖。完善外国人才创新创业利益回报机制，保障外国人才以知识、技术、管理、技能等创新要素参与利益分配。

4. 健全科技人才开发使用机制

支持新型研发机构探索开展人才使用、管理和激励等创新政策试点，打通高校、科研院所与企业人才流动通道，允许科技人员双向流动。高等院校、科研机构专业技术岗位上的科技人员可以到企业兼职、挂职或者参与项目合作并取得合法报酬，也可以在职创办企业或者离岗创新创业。高等院校、科研机构可以聘请有创新实践经验的企业家、科技创新人才担任兼职教师或者兼职研究员。探索通过高校和重大科研平台留编引才方式，突破人才二元体制障碍。加强科研事业单位岗位聘期考核管理，建立健全科研院所专业技术岗位结构比例动态调控机制，打破岗位聘任终身制，强化竞聘上岗，并与职称评审、继续教育、收入分配等制度配套衔接，逐步形成公平竞争、优胜劣汰、能上能下的用人机制。探索通过专家举荐、行业举荐、大数据测评选才等方式，将更多一流学科、优势产业、重点企业、专项领域的优秀科技人才纳入视野。

5. 构建具有国际竞争力的科技人才管理服务机制

深化科技人才领域"最多跑一次"改革，进一步完善分类管理、分级负责的外国人才管理监督机制。探索外国人工作、居留两项许可并联受理，畅通海外科学家来华工作通道。提高外国人才签证"含金量"，给予持证人免办工作许可权益。积极推进外国高端人才服务"一卡通"工作，在职业资格许可认定、商业医疗保险以及在境内停留、居留等方面提供便利。鼓励专业化、社会化服务组织为国际人才在浙工作生活提供服务保障。建立科技人才安全预警和风险防范机制，做好海外引才安全保护工作。

6. 完善人才政策发布、宣传、评价和反馈机制

一是细化人才政策发布机制。整合各部门的信息和诉求，适当减少政策参与部门，突出牵头部门，整合各部门的信息，协调政策制定过程；在行政与财政资源分配上，协调各部门诉求，形成一致的政策目标，降低部门间的协同成本。及时梳理人才政策清单，建立以事项分类为基础的政策归类和发布、查询、受理机制；广泛开展调研，主动了解企业和潜在创新创业人才的政策需求，精准推送政策。二是丰富政策宣传机制。更多使用微信、微博、抖音等新媒体，扩大政策传播度；综合使用线上、线下渠道进行政策解答，扩大政策认知度；开展优化营商环境先进案例评选和表彰活动，发布浙江省营商环境白皮书，宣传浙江省营商环境的优势和特色。三是完善政策评价机制。加强与世界银行等权威营商环境评价机构的交流，主动学习先进国家和地区的营商环境建设经验，对标一流、重点突破、补足短板。借鉴世界银行营商环境评价指标体系，建立浙江省科技人才政策评价机制，落实部门责任，定期监测和发布人才政策实施效果；借鉴深圳的做法，丰富政策评估小组的人员结构，由政策研究机构人员、高校教授、在企业从事人才研究的人员等组成专家小组对政策进行评估，提高政策评估的客观性。四是完善政策反馈机制。完善科技人才创新创业综合服务平台，建立政策互动机制和反馈机制，广泛调查政策实施效果，及时修订和完善。

（五）强化创新政策供给，营造创新创业生态氛围

1. 大力推进创新政策先行先试

充分利用国家自主创新示范区、国家科技成果转移转化示范区、国家人工智能创新发展试验区等重要平台，积极开展创新政策先行先试。尊重和发挥基层首创精神，完善科技体制改革成果复制推广机制，总结推广一批抓科技创新、打造现代产业体系的基层实践经验。探索设立"科技创新鼎"，建设"科技大脑"，在全国率先发布动态更新的省市县三级科技创新指数，激励市县加快创新发展。建立健全科技创新决策咨询制度，加强政府与科技界、产业界、金融界及社会各界的沟通，充分发挥科技创新智库对决策的支持作用。

2. 强化科技政务服务

深化科技领域"最多跑一次"改革。推进政府数字化转型，迭代升级"科技大脑"，提升"数字化、智能化、便利化"的政务服务水平，实现承诺时限压缩比、跑零次等指标继续领跑全国。设置"科技创新鼎"，强化激励和约束，营造浓厚的创新氛围。加大省部会商、厅市会商、部门会商等工作力度，充分调动各级创新的积极性。

3. 促进大众创业、万众创新

围绕打造国际创新创业中心，着力构建"产学研用金、才政介美云"十联动的创新创业生态系统。加快推进科技企业孵化器、众

创空间等平台载体建设，完善低成本、便利化、全要素、开放式的公共服务体系，办好创新创业大赛等品牌活动，形成创新创业新热潮。到2025年，建设省级以上科技企业孵化器200家、双创示范基地120家。

4. 形成宽容创新失败的氛围

对于利用或者主要利用财政性资金或者国有资本设立的科技创新项目，原始记录证明承担项目的单位和科技人员已经履行了勤勉尽责义务但仍不能完成的，经立项主管部门会同财政部门或者国有资产监督管理部门组织专家论证后，可以允许该项目结题。相关单位和个人继续申请利用或者主要利用财政性资金或者国有资本设立科技创新项目不受影响。

5. 强化知识产权保护

加快建设知识产权强省，构建严保护、大保护、快保护、同保护的工作格局。争取设立杭州、宁波知识产权法院，有效执行惩罚性赔偿制度。严格知识产权执法，严厉打击重复、恶意侵犯知识产权行为。加快国家知识产权保护中心和快速维权平台布局建设，完善知识产权黑名单制度，实施知识产权联合惩戒。构建知识产权多元治理体系，健全调解、仲裁、行政裁决、行政复议、诉讼等有机衔接、相互协调的知识产权纠纷预防化解机制。加强知识产权海外布局，加大企业海外知识产权纠纷应对指导与援助力度。建立一批重点产业知识产权公共服务平台，强化流通领域知识产权保护，加强网络空间知识产权治理，完善快速维权处置机制。

6. 大力弘扬创新文化

深入实施全民科学文化素质提升行动计划，在中小学普遍开展创新体验教育和创新思维训练，广泛开展群众性科技创新活动，全面提升公民的科学素养和创新意识。建立健全创新尽职免责机制，探索通过负面清单等方式，制定勤勉尽责规范和细则。进一步弘扬科学家精神，尊重科研规律，激发家国情怀，激励引导广大科技人员追求真理、勇攀高峰。进一步弘扬新时代浙商精神，发挥企业家引领创新的关键作用。进一步弘扬劳模精神和工匠精神，营造劳动光荣的社会风尚和精益求精的敬业风气。加强宣传报道和示范引领，加大科技奖励力度，每年重点奖励一批重大科技成果获得者、典型创新人才和创新企业，让全社会创新活力竞相迸发、创新力量充分涌流。

第二篇 比较研究

第四章 创新型国家经验

为了在竞争中赢得主动，依靠科技创新提升国家的综合国力和核心竞争力，建立国家创新体系，走创新型国家之路，成为世界许多国家的共同选择。世界各国尽管历史文化、现实国情和发展水平存在着种种差异，但各国政府都在认真思考和积极部署新的科技发展战略，调整科技政策，高度关注科学技术发展趋势，重视对科技的投入，并在国家创新系统的建设方面显示出各自鲜明的特色。

一、日本产学研结合创新发展的实践

日本是后发国家实现创新驱动发展的成功典范。"二战"后，日本始终坚持将科技创新作为实现国家经济社会发展的首要选择与核心动力，注重推动企业技术进步和自主创新能力的提升。在政府政策的主导推动下，日本的自主创新能力跃居世界前列，科学技术对日本经济增长的贡献率达60%以上，推动实现资本密集型产业向技术密集型产业再向新兴产业的转型，促使经济发展方式从资本要素驱动向创新驱动转变。在强大的科技创新推动力的支持下，日本经济实现了"二战"后近30年的高速增长，于20世纪70年代成为仅次于美国的资本主义世界第二经济大国，并成功克服了两次石油危机，创造了80

年代的经济辉煌。而且，在进入"失去的 20 年"后，日本仍然保持着强大的经济实力和核心竞争力，屹立于世界强国之林。

（一）日本创新驱动发展的政策演变

1. 从发展战略的维度，沿着"教育先行—科技立国—科技创新立国"的轨迹演变，实现了从知识积累到科技创新的转变

科教进步对经济社会发展至关重要。日本政府从以"教育"作为立国之本，发展到以"科技"作为立国之本，再到以"科技创新"作为立国之本，并在战略层面上将其内涵不断扩展和深化，这是日本高素质人才快速积累、创新能力迅速提高的关键之举。1995 年是日本科学技术发展历史上的一个重要转折点。1995 年 11 月，日本国会通过了《科学技术基本法》，明确提出"科学技术创造立国"战略，从重技术转向了科学与技术并重，要求各主要领域一起发力，齐头并进。2013 年，日本以建立"世界上最适合于科技创新的国家"为目标，发布了《日本再兴战略》和《科学技术创新综合战略——挑战新维度的日本创造》，提出科学技术创新应包括从"高等教育、研究人员培养"开始，经过"基础研究、应用研究、实用化和产业化"直到"普及、市场展开"的全过程。为实现 2030 年日本社会和经济发展愿景，这两个战略做了详细的规划和部署，成为日本创新驱动发展的政策纲领。

2. 从技术政策的维度，沿着"引进消化吸收—集成创新—原始创新"的轨迹演变，实现了从模仿到自主创新的转变

对后发国家而言，"引进消化吸收再创新"模式是快速提高创新能力的捷径。日本政府充分运用"引进—消化—创新"这一方式，在国家政策、公司制度、学校教育体制上都围绕这一中心进行相应的调整与改革，推进以政府为主导的国家自主创新体系的建设，并从科技投入和人才培养方面予以保障，迅速提高了国家创新能力。

20 世纪 50 年代，为尽快缩短与发达国家之间的差距，日本在对经济发展具有全局性影响的工业部门引进原装成套设备，建立技术引进的原则和审批标准,并保持技术引进政策与产业政策的步伐相一致,树立了以科技创新推动经济社会发展的基本思路,加速了日本的科技革命和近代化建设。20世纪60年代后,日本重点引进技术专利、技术情报及基础性科研成果。按照"一号机进口,二号机国产,三号机出口"的原则①,重视技术引进后的连锁效应,积极在产业化应用中模仿、吸收并改良、创新,使日本在短期内掌握了世界各国半个世纪取得的几乎全部技术成果,积累了在基础技术研究、应用技术研究和新产品研发等方面的竞争力和优势。在引进的同时,日本开展了对技术创新的探索。20世纪70年代中期开始,日本的技术创新模式从创造性模仿创新模式向自主创新模式演进。日本的研发重点从20世纪60年代的石油化工、合成纤维技术,70年代的环保、原子能、污染治理及太阳能,转向80年代的电子计算机、新能源、生物、宇宙航天、新材料科学,极大地推动了产业结构的调整。

1995年日本出台的首部关于科学技术的根本大法——《科学技术基本法》中,指出了通过发展科学技术振兴相关产业的发展思路,提出增加科技投入、强化人才培养的措施,并以5年为周期制定了"科学技术基本计划",以"基础研究"为主要任务,将"制造技术"列为重点,以"官产学研"合作的形式广泛开展原始创新,建立起国民为本、政府主导、企业主体、大学和科研机构辅助的科技创新体系。2000年以来,日本每年新增专利近20万件,连续十几年名列全球前三位。

3. 从产业政策的维度,沿着"资本密集型产业—技术密集型产业—新兴产业"的轨迹演变,实现了从传统经济形态到创新型经济形态的转变

产业政策对于推动日本经济发展具有重要的作用。20世纪60年代,日本政府设立专门的产业结构调查部门——"产业结构调查会"

---

①张昌彩. 我国技术引进的问题与对策[J]. 中国科技成果, 2005(12): 29-31.

（后称"产业结构审议会"），根据不同时期的经济发展需求，加强产业政策研究和产业政策立法。该部门约每10年提出一个"产业结构设想"，明确产业发展的目标，选择每一时期的主导产业群和支柱产业群，有力地促进了产业的更新换代。

"二战"后，日本政府通过"倾销生产方式"重点扶持煤炭和钢铁部门。1963年，日本政府发布了《关于产业结构的长期展望》，把发展重化学工业、提高产业的竞争能力作为实施产业政策的重要目标，使重化学工业得到了迅速的发展。20世纪70年代受石油危机影响，日本部分高能耗的重工业开始遭到淘汰，产业结构迫切需要调整。日本政府对产业发展实行了有限度的、有选择的保护与干预，先后通过《电子工业振兴临时措施法》等一系列政策文件，对需扶持的产业制定振兴法，对衰退的产业制定萧条产业临时措施法，对需调整的产业制定改善结构法，淘汰高能耗的产业，使发展重点从基础材料型产业向汽车、机械、电子加工、家电、节能、新能源等节能、技术密集和高附加值产业转变。这种政府干预和保护的程度随着产业的发展程度不断变化，在产业形成较强的国际竞争力之后撤销保护与干预，政策重点转向积极推动市场机制发挥作用。[①]

20世纪80年代，伴随着信息技术的普及和网络的发展，世界范围内出现了产业结构的IT化。在日本，电子产业崛起，维持了相关制造业生产和贸易的增长活力，在经济结构中的比重稳步扩大。核能、核电、IC、半导体、新家电、影视音像、新材料、生物、医疗器械等产业的发展补充、更新了支柱产业群。同时，商业、运输业、通信业和服务业等第三产业的比重超过了60%。20世纪90年代，软件、芯片、个人电脑、手机等IT产业快速发展，服务业增长较快。

21世纪，为应对国际金融危机，日本政府在产业政策方面提出了以增加长期需求为目标的原则，高度重视发展生命科学、信息通信、

---

① 王焕焕. 日本长期以来基于技术创新的制度基础分析[J]. 时代经贸，2014（3）：326.

环境技术、纳米和新材料技术等，并给予政策和资金重点扶持，使经济保持高质量的稳定增长。2013年《日本再兴战略》将"产业再兴计划"列为第一行动计划，并选择健康医疗、清洁能源等领域，积极培育战略性新兴产业。

4. 从企业扶持政策的维度，始终坚持以支持企业自主创新为核心，推动企业向创新型企业转变

在日本的技术研发投入中，政府投入占20%～30%，产业、企业投入占70%～80%。大部分大企业都设有专门的研究开发机构，并配备了雄厚的科研人员和设施，是创新的主体。而政府营造的宽松的宏观环境是企业发挥创新主体作用的土壤，是促进经济增长的保障。日本政府始终坚持将企业作为自主创新的主体，高度重视对企业发展的扶持，根据世界形势的变化和产业发展的需求，在立法、规划、财税、金融、劳动力市场和对外贸易等方面，适时制定扶助和优待企业的政策，增强企业抗风险能力。[①]

（二）日本创新政策演变的系统特性

正如许多学者认为的，日本之所以在国际市场上取得成功，一个重要的原因在于日本通过大量的产业（技术）政策立法来鼓励企业技术创新与应用，组成强大的"国家队"参与国际竞争。20世纪90年代，随着泡沫经济的崩溃，以引进和改良为主的发展体系已经不能再适应时代的要求，日本经济开始进入前所未有的被称为"失去的20年"的萧条期。为了适应创新的需求，日本开始对其科技政策进行重大调整，其科技政策定位从"知识的传播与扩散"向"知识的创新"演变，其科技发展方式从"技术赶超"向"技术领跑"演变，而这种演变始终贯穿着系统论的整体思想观，体现出一种系统的特性。[②]

[①] 谈力，李栋亮. 日本创新驱动发展轨迹与政策演变及对广东的启示［J］. 科技管理研究，2016（5）：30-35.

[②] 余翔，周莹. 日本创新政策演变的系统特性及其启示［J］. 科技管理研究，2009（8）：66-68.

1. 以调整研发投入结构，改变创新系统的功能

日本在创新政策中通过调整科技投入结构改变创新系统的功能。日本的总体研发强度（投入研发活动的 GDP 比例）在过去的几十年中一直持续增长，已经超过了几个主要西方国家。2018 年日本的 R&D 经费投入强度达 3.21%，高于美国（2.79%）和欧盟 15 国平均水平（2.13%）。[①] 在第 5 期《科学技术基本计划》中，日本更提出要在计划期间实现 4% 的目标。但日本研发支出的结构与其他国家极为不同：①日本总体研发投入中的政府投入部分低于所有发达国家，在过去的几十年间，它始终占国家研发支出的 20%。西方国家总体研发投入中的政府投入则占 30%～50%。尽管日本保持较高的总体研发强度，但政府研发支出占 GDP 的比例一直下降，低于美国和其他欧洲发达国家，只是在最近几年超过了英国。②由政府负担的企业研发支出低于所有西方发达国家。在过去的几十年间，日本只有 1%～2% 的企业研发经费是由政府负担的。在欧美发达国家，这部分所占比例高得多，大部分国家是在 10%～20%。即使包括与研发相关的税务削减，日本政府对企业研发活动的资助仍停留在一个较低的水平。这说明，尽管日本总体的研发强度在过去的几十年里已经达到了一个非常高的水平，但政府对企业研发的资助强度还比较弱。③政府对企业的研发投入存在结构失衡。日本政府支持私人企业的研发支出的结构显示，政府部门倾向于引导产业协会选择产业中科技最强的企业，以此加强这些企业之间的知识扩散和提高它们的整体竞争能力。政府研发津贴主要给予了各产业大公司，而中小企业被排除在政府资助之外。

因此，日本政府对企业研发的直接支持不但总量上相对较少，而且主要以知识扩散为导向，倾向于对大型公司提供支持。从 1995 年的《科学技术基本法》和 1996 年第 1 期《科学技术基本计划》，以及 2002 年第 2 期《科学技术基本计划》开始，日本为实现从"知识的

---

①国家统计局社科文司统计师李胤解读《2018 年全国科技经费投入统计公报》[EB/OL]. 科技部网，2019-08-30.

传播与扩散"向"知识的创新"转变,对研发投入的结构做出了重大的调整。研究显示,政府在支持企业的研发活动方面已经有了实质性的改变。日本对企业研发活动的政府投入和资助,开始转向中小企业。日本对研发投入结构的调整改变了创新系统的组成形态和内部要素的关系形式,引起了系统结构的改变,因而带来系统功能的变化。正如我国时任科技部副部长程津培所说的:"科技投入本身也存在一个结构调整问题,自主创新需要建立起更加合理的科技投入机制。"[1]

2. 以改革研发体制,加速研发成果转移转化

20世纪80年代,日本开始对研发体制进行改革,以求打破原有科研组织的封闭性和僵硬性,激发科研人员的主观能动性和独创性。科技体制的改革是更为深层的变化。1997年日本的国立科研机构和17所国立大学先后引进了"任期制",以增强科研人员的创造能力,培养青年科学家。为激发科研机构和大学的活力,20世纪90年代日本政府制定法律允许大学教授和国立科研机构人员流动,通过产学合作有力推动了科学研究的发展。2004年开始实施"国立大学改革成为国立大学法人"制度,在预算使用和组织等方面确保大学独立自主。加强与企业合作,设立技术转移机构、创业中心等,使研究成果得以顺利转移转化。[2]

3. 以产学官联动发展,发挥系统整体效应

日本创新制度改革的另一个重要方面是推动研究机构、大学和商业部门之间的研发合作。企业尤其是中小企业自身缺乏研发动力与能力,需要通过政府和大学的研发机构得以强化,以促进科技竞争力的提高。因此,对技术革新模式的重新探讨、对以技术革新为主力的经济发展的期待,使围绕"产"和"学"的环境变化的"产学官联合"

---

[1] 余翔,周莹. 日本创新政策演变的系统特性及其启示[J]. 科技管理研究,2009(8):66-68.

[2] 许艳华. 战后日本科技政策的三次转向及对中国的启示[J]. 山东经济,2011(6):83-88.

成为日本企业、大学、政府和社会各界关注的重点。由此，以1995年制定《科学技术基本法》为契机，以1998年《技术转移促进法》为主的一系列促进产学合作的政策得以实施。然而，2003年日本科学技术政策研究所的报告显示，"产学官联合"没有被充分地利用。日本生物科技风险企业的研究显示，创新型小企业的商业环境仍有很大的问题，对于约一半的企业而言，"获得资本"和"研究人员的招募"仍是主要的发展障碍，虽然最近有些改变，但大部分研发资源还是高度集中于日本的大型公司。[1]

为此，日本在中小企业创新扶持政策中开始进一步强化政府的引导和管理作用。日本政府部门认为，鉴于中小企业存在内部研究人才资源有限、发现自身真正的需要比较困难等一些不利因素，"产学官联合"在面向中小企业时，需要将中心范围从过去的"大企业""一部分经过挑选的企业"等扩展到"中小企业""并非很突出的企业"。对此，相关部门从2006年开始进行了讨论并得出了以下结论：①面向中小企业时，需要有不同于面向大企业时的模式。②面向中小企业时，"学"（大学等）与"产"（中小企业）的结合作用是关键。③由支援机构和专业人才来发挥结合作用。针对中小企业的水平及企业业务内容，对企业提供经营诊断、技术翻译、设计、生产技术等是很有必要的。④这些支援在市场经济中是比较难实现的，需要发挥"官"的作用。例如，由中小企业基盘整备机构（SMRJ）[2]派遣专家。因此，不是"产学"，而是"产学官"的联合是很有必要的。

经济合作与发展组织（OECD）通过对国家创新体系的大规模实证研究认为，"国家创新体系可以定义为公共和私人部门中的组织结构网络，这些部门的活动和相互作用决定着一个国家扩散知识和技术

---

[1] ODAGIRI H, NAKAMURA Y. Japanese biotechnology venture firms, their role and their situation [J]. NISTEP discussion paper No. 22, Tokyo: Kagaku Gijutsu Seisaku Kenkysho, 2004.

[2] 中小企业基盘整备机构（简称SMRJ）于2004年7月1日成立，由中小企业综合事业团、地域振兴整备公团、产业基盘整备基金3家法人事业单位合并而成。该机构属于独立行政法人，为半官方性质。

的能力并影响着国家的创新业绩"①。日本在国家创新系统建设中的主要经验之一就是实施产学官协同机制和政府各相关部门积极配合。日本政府推出的"产业群"及"知识密集区"建设计划,支持建立的知识产权本部、技术转移中心(TLO)以及政府部门对中小企业创新的管理和介入,加强了大学及独立研究机构与产业界的合作,在加强部门之间沟通和协同、完善国家创新体系、推动企业增强创新能力方面发挥了重要的作用。

4. 以国际合作,孵化原始创新

为了弥补本国在人才、研究设施等方面的不足,提高在前沿领域的创新能力,日本从20世纪80年代中期开始发起了一系列国际共同研发项目,包括1987年的人类前沿科学项目(HFSP)、1989年的超音速/高超音速技术项目和智能制造系统项目(IMS)等,积极与美国、欧共体/欧盟、加拿大等西方发达国家或地区的研究机构或企业合作研发。

1995年以后,日本提出"科学技术创造立国"战略,发展重点从技术开发扩展为科学与技术全面发展,"立足现实、面向前沿、动态调整、夯实基础"成为新战略的鲜明特点,并在一定程度上体现在了20世纪90年代以来的诺贝尔奖成果中。这些成果中既有"高亮度蓝色发光二极管"这样基于国际合作产出的、面向应用的先进技术,也有中微子震荡现象研究这样的前沿性探索,还有细胞自噬机制和诱导多功能干细胞这样既有明确应用价值又有较强前沿性的研究。这些成果兼具应用性与前沿性,既有国际合作成果,也有日本国内产出成果,并且在领域上呈现出能源、材料、空间和生命科学的多元化格局特征。

2007年,日本文部科学省设立了"世界顶级国际研究中心计划"(WPI),旨在通过重点、集中的支持,创造良好的研究环境,吸引和

---

①OECD. DSTI/STP/NESTP/TIP(96)4[R]. Paris:OECD,1996.

凝聚世界高水平的一线研究人员，形成以高水平研究人员为核心的世界顶级研究基地，借此提升日本的基础研究能力和国家创新能力。2012 年，日本最大的基础研究资助机构——日本学术振兴会（JSPS）推出了"强强合作计划"（Core-to-Core Program），旨在加强日本的大学和研究机构与包括美国、加拿大、澳大利亚及欧洲在内的共 15 个发达国家或地区在科学前沿领域的合作。通过建立并强化日本与这些国家或地区的研究网络，以在较长的时间内保持并提高日本大学和研究机构与其他科学先进国家或地区的合作水平，并且支持国内外研究人员的短期合作，以建立国内外合作研究网络①。

5. 以优化制度环境，保障系统良性发展

日本创新系统的良性发展还依赖于它的外部制度环境。日本根据国内外情势的变动，曾多次修改专利法。从总体上看，日本在经济发展初期基本采取的是专利的弱保护策略。首先，限制专利的保护范围，将食品、饮料、药用物和化学物质等排除在专利保护之外；其次，在专利审查上摈弃美国的"先发明"原则而采用"先申请"原则；再次，规定了出于公益考虑的强制许可或者对法定期间不施行专利的强制许可使用制度；最后，规定了专利申请授权之前的信息披露制度，以便专利审查以及公众异议程序的提出。这些做法为日本企业吸收外国的技术，开展反向工程，实施"专利外围战略"等提供了制度上的便利。

从 20 世纪 90 年代中期开始，日本进行的从"技术追赶"向"技术创新"转变的政策调整和导向重构，也伴随着知识产权立法、司法和行政管理的改革。由于美国在 20 世纪 80 年代后期开始加速推进"重视专利政策"（Pro-Patent Policy），其在 90 年代迅速提高了产业竞争能力以及生产效率。日本对该政策的必要性进行了多方面的探讨，并于 90 年代后期实施了"重视专利政策"——通过鼓励开创性

---

① 胡智慧，王溯. "科技立国"战略与"诺贝尔奖计划"——日本建设世界科技强国之路［J］. 中国科学院院刊，2018（5）：520-525.

发明创造和对专利进行强有力的保护，强化了发明者的地位。日本在立法、行政、司法方面制定了各种各样的措施，并付诸实行。在立法中，日本在专利制度修改中取消了授权前的异议制度；简化专利无效诉讼程序，缩短无效诉讼的时间；对实质审查请求费引入部分退费机制并放宽减缓费用的标准；调整有关费用和改变费用的比例，减轻申请人负担，激励发明创造。目前，日本政府正在考虑进一步扩大专利费用削减的范围，即在校博士后、研究生、本科生和在职研究人员作为发明者参与研发项目或专利权由技术许可组织向大学转移的情况下，大学和公共研究机构享受专利费用的削减政策。在专利行政管理中，日本也在鼓励和保护发明上采取了一系列措施。例如，加大对专利侵权行为的行政处罚力度；增加解决专利争端的行政资源；减轻专利申请行政管理负担以及提高专利行政管理的效率，缩短专利申请过程的时间。在司法中，2004年4月修改后的日本民事诉讼法规定，知识产权案件必须起诉到东京地方法院或者是大阪地方法院，即在知识产权诉讼案件的司法管辖上，排除了被告所在地和侵权行为发生地法院的司法管辖权。2005年的《知识产权高等法院设置法》将专利侵权案件的第二审（上诉审）管辖权集中到作为东京高等法院特别分支的知识产权高等法院。日本对涉及技术问题的知识产权案件的司法初审管辖权和二审管辖权的高度集中，其用意明显在于统一裁判标准，提高知识产权案件的审判质量和审判效率。为配合创新政策的演进，改变早期以知识扩散为主的政策导向，日本专利制度和行政管理正在朝着强化发明者地位的方向发展。

二、德国先进制造业创新发展的实践

根据世界经济论坛发布的《2019年全球竞争力报告》，在创新排名方面，排在全球最前面的不是美国，不是新加坡，也不是瑞士，而是德国，其以86.8分的高分连续2年成为全球最具创新的经济体。在往年，德国并不能跻身前三名，这主要是因为在以数字化为特征的第四次工业革命背景下，创新能力的定义得到了新的诠释。其中创新的商业实现能力得到了更多的重视，而这恰好是德国的优势所在。集中表现为申请专利的数量、科学文章的刊登数量和客户对德国产品的满意程度，这对企业的创新和改进有极大的推动作用。[①] 一直以来，德国都是以其强大的实体经济闻名于世，而随着它提出工业4.0的概念，并且在新兴的制造业，尤其是在备受全球瞩目的智能制造领域，拥有了大量极具竞争力的企业，其在产品和创新方面成为世界的引领者。

在全球市场上，"德国制造"凭借其卓越品质和不断推陈出新博得消费者的信任和青睐，许多德国企业尽管并不起眼，却默默地在各自的细分领域取得骄人的业绩。在产业竞争日趋激烈、消费者"口味"越来越刁钻的背景下，全方位的创新使得"德国制造"的品质持续提升、功能不断完善、成本逐步降低，从而在全球化工、机械、汽车等高端产品出口中占据了重要份额。

德国的科技创新体系主要涉及产业界、教育与科研界、联邦政府及各州政府、中介组织（行使咨询、协调、资助、评估等职能的机构）及社会公众。这些组织、机构及个人在各司其职的同时，相互之间密切配合，形成了完善的合作治理网络（见图4-1）。

（一）明确政府服务性职能，坚持以市场化手段保护公平、自由竞争

德国在"产学官"合作方面，特别明确政府的服务性职能和作用，既确保科研和学术活动的自由、企业经营独立自主，又发挥政府应有的积极作用。首先，德国政府的作用主要是保证自由竞争机制的运行。德国政府明确服务性职能定位，出台了专门的政策和法律来促进技术转让，保护科研人员的知识产权和科研成果。原则上，政府投入的资金只能用于一些基础性研究和尚未进入市场竞争领域的应用基

[①] 全球竞争力报告：德国创新能力蝉联第一[EB/OL]. 北青网，2019-10-29.

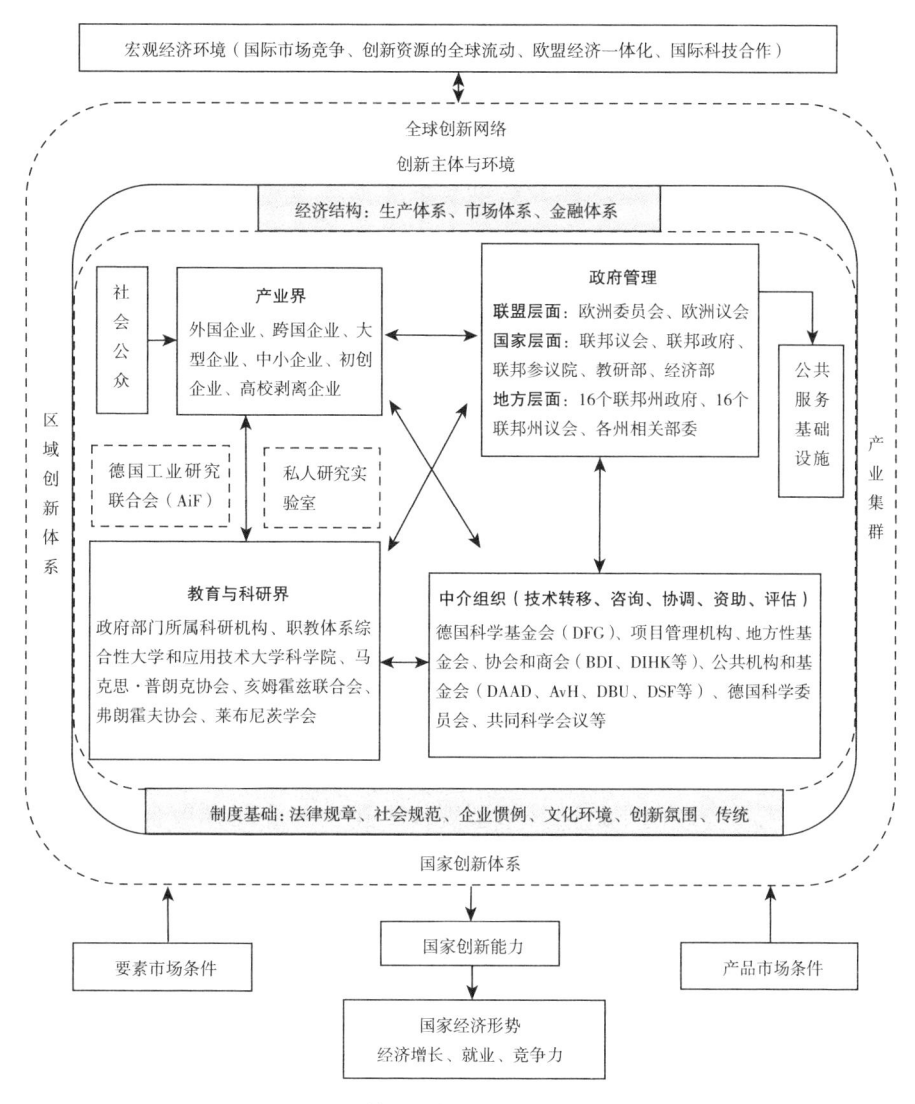

图 4-1 德国科技创新体系的结构

础研究，不会通过补贴等手段影响市场公平竞争。因为补贴一个产业就是歧视其他产业，补贴一个企业就是歧视其他企业，与其进行供给侧补贴，不如采用需求侧措施补贴消费者。这样既让消费者得益，也能继续维护企业间的公平自由竞争。这种机制通过保护市场公平自由竞争能够调动企业的创新积极性，通过提供公共资助资金、保护学术自由空间能够调动科研机构的积极性，从而产出高质量科研成果和便利科研成果转化。其次，通过公共资金推动基础性、应用性研究发展，但投入资金时采用市场化理念。[①]

虽然德国奉行市场化原则，科研转化主要依靠市场经济和自由竞争，但是德国科研并没有完全依赖市场机制。德国政府通过投入资金建设大型的科研基础设施、图书馆、信息服务设施等，支持一些尚无市场竞争力的基础性、应用性研究，也在科研转化方面发挥了重要作用。德国政府通过公共资金扶持科研开发时遵循公共资金使用三原则，即公开性、保护竞争和科研单位自主性，其中，公开性意味着符合条件的主体都能够获得支持，保护竞争意味着企业才是第一创新主体，科研单位自主性意味着不干涉学术自由。因此，德国不仅在市场方面尊重自由竞争，在公共资助方面也采用市场化理念。

（二）大、小企业协调发展，共同打造健康的企业创新生态系统

与美国大企业为获取市场份额和利润而过分地竞争不同，德国的经济和文化环境倾向于鼓励其新型现代工业企业之间开展合作。以汽车行业为例，德国的奔驰、宝马、奥迪等品牌之所以一直享有很高的声誉，除了得益于其严格的质量保障体系和追求卓越的工程师团队之外，还得益于大量专业化的"隐形冠军"企业为其稳定地提供高质量的零部件。德国政府还将促进中小企业发展提到了国家战略层面，并通过设立专门的法律和法规，如《反对限制竞争法》和《中小企业促进法》等，为中小企业发展提供制度保障。同时，德国政府还通过制定政策加大对中小企业的资金支持力度。例如，实行贴息政策，鼓励德国两大政策性银行——德国复兴信贷银行和德国平衡银行向中小企业放贷；拨放专款支持中小企业参加各种展会，帮助企业拓展市场，寻求贸易机会；专门制定面向中小企业的减税计划，以保证中小

[①] 苏晓．德国创新体系特征及其启示［J］．管理观察，2018（31）：81-85．

企业有更多的自由发展资金。

（三）公共科研体系定位清晰，提供源源不断的知识和技术

德国公共科研体系由四大非营利科研机构、公立科研院所和大学科研机构等构成，各机构分工有序、特色鲜明。马普学会（MPG）主要从事自然科学、生物科学和人文科学中的基础研究；亥姆霍兹联合会（Helmholtz-Gemeinschaft，原名"大科学中心联合会"，为德国最大的科研团体）主要在物质结构、地球与环境、交通和太空、健康、能源、关键技术等6个领域从事具有应用前景的高技术基础研究；[1]莱布尼茨科学联合会（Leibniz-Gemeinschaft）从事具有国际水平、面向实际应用的基础研究；弗朗霍夫协会主要从事应用研究，致力于科研成果的转化，为企业提供有偿的技术开发和技术转让服务。德国的公立科研院所主要从事竞争前技术研究、政府行政开发研究和人文科学研究等。另外，德国的高等教育机构已成为公共科研体系的第二主力军，同时肩负着培养后备人才的重任。这一完整的、定位清晰的公共科研体系，为德国的科技发展与创新奠定了坚实的基础。

（四）双重教育体系独具特色，培养企业创新所需的全方位人才

德国教育体系最典型的特征是其结构具有双重性：高等院校与职业教育学校并重。其中，高等院校主要分为两类：一类是以培养科学研究型人才为主的综合性大学，约占总数的1/4；另一类是以培养高技术人才为主的应用技术大学，这类大学非常注重同企业之间的合作以及技术应用和知识商业化研究，占总数的一半以上。职业教育学校以培养专门的职业技能型人才为己任，并逐渐摸索出一套成熟的"二元制"职业培训方法和模式：①培训场所的"二元制"——学员不仅

---

[1] 德国亥姆霍兹联合会. 德国国家实验室体系的发展历程——德国亥姆霍兹联合会的前世今生 [M]. 北京：科学出版社，2018.

需要在职业教育学校里接受理论学习，还要在企业里接受实践训练；②管理模式的"二元制"——职业教育学校由政府管理，企业内的培训由企业按照《职业培训法案》的相关规定来执行；③经费支持上的"二元制"——企业负担其内部培训的费用，职业教育学校的运行费用则由公共财政负担。为保障职业教育体系的顺利运行，政府从法律上对每个岗位的最基本培训内容以及职业教育的规章制度进行了明确规定。目前，德国政府承认的岗位大约有350多个，涵盖了贸易、工业和管理等领域。

（五）科技投入与管理规范科学，不断提高科研经费的使用效率

德国科研机构的资助渠道很多，如政府、企业、各种非营利性基金组织和欧盟等。企业是德国科研经费投入的主要来源，研发总投入的2/3来自企业；联邦和各州政府主要负责资助具有重大意义的、跨地区的研究机构和计划；私人出资的基金会是国家资助主渠道的重要补充，除私人出资的基金会以外，德国还有一批以政府为主要出资方的基金会，它们为大学生和博士生提供奖学金，资助外国顶尖年轻科学家在德国以及德国年轻科学家到国外开展科研；欧盟研究框架计划也是德国研发活动的重要资助渠道之一。

联邦和州政府逐年增加创新投入，保证了德国研发创新的世界领先和实力提升。2004年，联邦政府与各州政府签订《研究与创新协议》，规定大型研究协会（马普学会、亥姆霍兹联合会、弗朗霍夫协会、莱布尼茨科学联合会）的研究经费每年保持至少3%的增幅。2006年，联邦政府发布《德国高科技战略》报告，提出加大创新领域的投入，以确保德国的全球竞争力和技术领先地位。2012年，德国政府推出《高科技战略行动计划》，提出2012—2015年投资约84亿欧元，以推动《德国2020高科技战略》框架下10项未来研究项目的开展。

在政府科技投入的管理方面，德国采用两级管理模式，即政府首

先以机构基金和项目基金的形式将科研经费分配到各研究机构，各研究机构再依据各自的模式将科研经费分配到各研究所。如马普学会采用经费配置到人的模式，亥姆霍兹联合会内部经费配置采用项目制，而弗朗霍夫协会主要采用外争经费匹配模式。政府要求各机构对口的评估委员会定期对科研机构和研究项目进行系统评估，系统评估结果将作为国家对机构经费进行宏观调控的依据之一。

三、几点启示

（一）提高政府科研经费预算，重视对小企业的投资与培育

日本、德国等创新型国家创新体制的实施离不开政府的参与，但是政府并不是直接参与企业的创新，而是从多个角度对其创新体系进行积极的引导。国际上普遍重视新企业和中小企业的相关指标，新企业创办所需的时间、手续，中小企业的创办数量，中小企业占全部企业的比例以及中小企业的存续时间，都是国际上通行的评价国家创新环境和创新能力的重要指标。[①] 简化创办新企业的手续、环节，缩短创办新企业所需时间，不仅有利于激发新企业经营者的创业热情，而且有利于新企业把握转瞬即逝的市场机会，更有利于培育具有创新精神的年轻企业家。这些都是我们可以学习借鉴的。

（二）完善人才培养机制，培养各类专业技术型人才

创新活动归根到底是由人来完成的，无论是一个国家还是一个企业，要想获得创新能力，特别是持续创新能力，必须有高水平、高素质的创新型人才作为战略储备，并且需要面向产业创新的实际需求，培养出具有产品研发、流程优化、物流配送和市场营销等各种专业能力的技术型人才。德国和日本虽然在人才培养模式上各有特点，但是重视创新人才的培育是其共性。

我国目前高等教育体系和人才培养机制还不能有效地满足产业创

[①] 徐光耀，宋卫国. 2011—2012 全球竞争力指数与中国的创新型国家建设［J］. 中国科技论坛，2012（7）：27-31.

新发展的需求，具体体现为创新人才梯队建设不完善，特别是产业创新发展所需的各类专业技术型人才缺乏。因此，加强我国创新体系建设应该从巩固创新的根基做起，建立满足产业创新需求的人才培养机制，特别是加强与完善高端研发人才与专业技术型人才相结合的人才梯队建设。

（三）注重产学研协同创新，推动科技成果快速转化

任何国家大力开展创新的目的，都是形成新的基础理论，取得新的应用成果，发明新的产品，提供新的服务。脱离生产的科研很难获得经济支持和保障，如德国的研发费用大部分取自于私人部门，用之于私人部门，说明私人部门（企业）应当成为创新龙头。我国应出台各类支持政策，加强产学研协同创新，推动科技成果有效转化。

（四）完善科技中介服务网络，发挥其桥梁和纽带作用

创新型国家的经验表明，中介服务机构在科技创新中发挥着桥梁和润滑剂的重要作用。完善的科技中介服务网络对知识流动和技术转移发挥着关键性的促进作用，是促进科技成果商业化和技术创新的重要工具，是国家创新体系的重要一环。经过改革开放40多年的发展，我国科技中介服务能力得到了较大提高，但从总体上看，我国科技中介机构的发展仍处于起步阶段，具体表现为：一是相当一部分科技中介机构的服务水平、服务质量和人员素质偏低，缺乏竞争力；二是支持科技中介机构发展的公共信息基础设施薄弱，公共信息流通不畅。因此，需要进一步完善科技中介服务网络，发挥其桥梁和纽带作用。

（五）重视创新要素集聚，及时调整创新集群支持政策

我国政府支持产业集群发展，各地政府建立了许多经济开发区和高新技术产业开发区。当前各地的"转方式、调结构、促升级"和高新区的"二次创业"，正在推动实现从产业集群向创新集群的跃升。多年来，政府行为在地方产业集群的形成过程中发挥了重要作用，而

培育创新集群需要新的政策措施。

（1）政府应逐渐从直接干预中退出，不能有脱离区域实际"大干快上"的做法，要更多地在完善集群的制度环境、促成创新要素流动、提供服务、培育创新文化等方面发挥作用。同时中央政府和地方政府之间、各政府部门之间要加强协调，针对创新集群发展的"短板"（如产学研合作、技术转移和成果转化、商业合作网络建立和供应链协作、知识产权保护、信用体系建设、中介服务机构和支撑体系发展），利用好市场机制和利益纽带，推出对应的政策措施。[①]

（2）不能将发展高新区等同于发展区域创新集群。可考虑建立跨部门、跨行政区划的创新集群发展指导机构，弱化行政管理而强化提供服务，摆脱对大企业或大项目的依赖，重视扶持集群内的中小企业（包括未入园的中小企业），支持初创企业。

（3）对于集群内非企业的创新主体（如大学、科研院所和科技中介服务机构），政府的相关支持应与其绩效（知识溢出、为企业提供技术支撑和服务）挂钩；对于企业，更多地通过研发资助、政府采购、协助拓展国内外市场等竞争性、间接支持手段来帮助其寻求商业机会，提升创新能力。

（4）避免创新集群内同类企业恶性竞争，通过各种政策调控手段鼓励形成相互支撑、相互依存的专业化分工协作创新网络。

（六）不断优化创新创业环境，完善创新生态系统

我国加快推进创新型国家建设，也需要进一步优化创新资源配置，完善创新创业基础条件，形成促进科技创新资源合理流动的体制机制，建设适合我国国情的创新生态系统。例如，发挥政府在科技创新中的战略导向作用，优化大众创业、万众创新的政策环境，为公众参与创新创业提供便利和机遇；通过税收优惠、政府采购、激励性奖

[①] 李昕. 美国联邦政府鼓励区域创新集群的政策分析［J］. 全球科技经济瞭望，2017（7）：21-27.

励措施激发企业的创新活力;进一步加大知识产权保护力度,最大限度地用好全球创新资源,全面提升我国在全球创新格局中的地位,帮助企业开拓国际市场,提升产品和技术的国际竞争力。

第五章 兄弟省份科技创新的经验

为加快推动创新型国家建设和全国区域创新协调发展，2013年科技部在全国启动创新型省份建设试点工作。我们选取广东省和江苏省来分析其科技创新的经验。

一、广东省科技创新的经验

广东省是我国的经济强省，也是科技强省。2016年11月16日，科技部发布《关于支持广东建设创新型省份的函》（国科函创〔2016〕271号），要求广东省把创新作为引领发展的第一动力，摆在发展全局的核心位置，充分发挥科技创新对全面创新的引领作用，将创新型省份建设作为全省上下实施创新驱动发展战略的关键标志性抓手，探索新常态下持续发展的新路径，打造新常态下发展的新引擎，创造新常态下发展的新优势，凝心聚力当好创新驱动发展的排头兵，力争在转变经济发展方式上走在全国前列，为创新型国家建设提供有力支撑。同时，要求广东省在2020年前率先进入创新型省份行列，创新能力进一步提升，创新动力进一步增强，创新活力进一步释放，区域创新发展综合实力和核心竞争力显著提升。

（一）广东省科技创新的成绩

2017年1月23日，广东省人民政府印发《广东创新型省份建设试点方案》，从加快构建开放型区域创新体系、提升企业自主创新能力、抢占关键核心技术制高点、完善产学研协同创新机制、创新人才引进培养模式、推进科技金融综合实验、推动科技创新服务社会民生等方面规划了创新型省份建设方案。"十三五"以来，广东科技工作坚持以习近平新时代中国特色社会主义思想为指导，紧抓粤港澳大湾区国际科技创新中心建设的历史机遇，围绕"四个走在全国前列"的要求，深入实施创新驱动发展战略，积极融入国家科技创新大局，为高质量发展增添新动能。

广东坚持把自主创新作为推动高质量发展的重要支撑。2020年广东区域创新综合能力连续第四年保持全国首位，其中反映基础研究能力的"知识创造"及"知识获取"两个指标均排名第二，均较2019年上升一位，全省研发经费支出达3200亿元，占GDP的比重达2.9%，专利申请量和授权量、发明专利申请量和授权量、有效发明专利量、PCT国际专利申请量等指标均居全国首位。全省全时当量研发人员超80万人。

广东"大手笔"投入核心技术攻关和基础研究，对标国家实验室布局组建了10家省实验室，到2020年建设近20家高水平研究院。各类创新主体蓬勃发展，省级新型研发机构总数达251家，高新技术企业从2015年的1.1万家增加到2020年的超5.2万家。

粤港澳大湾区国际科技创新中心建设进展顺利。综合性国家科学中心先行启动区获批建设，散裂中子源等重大科技基础设施建设已初步实现体系化布局并取得突破性进展。

广东大力推进粤港澳协同创新，开展"钱过境、人往来、税平衡"等政策创新，实现科技项目、科学基础设施、科普基地向港澳开放，全省财政科研资金直接过境拨付累计超亿元。截至2020年，启动建设2批共20家粤港澳联合实验室，大力支持港澳青年来粤创新创业。

（二）广东创新型省份建设的特点

1. 扎实推进粤港澳大湾区国际科技创新中心建设

打造国际科技创新中心，是粤港澳大湾区的核心目标之一。2018年8月15日，韩正副总理在粤港澳大湾区建设领导小组全体会议上强调："要积极吸引和对接全球创新资源，建设'广州—深圳—香港—澳门'科技创新走廊，打造大湾区国际科技创新中心。"广东省在推进粤港澳大湾区国际科技创新中心建设上做了以下几方面工作。

（1）积极强化组织与制度设计。

1）强化组织协调。成立了"粤港科技创新合作专责小组"和"粤澳科技合作专责小组"，建立了推动大湾区国际科技创新中心建设的有效组织保障。

2）形成了广东省推进大湾区建设的"施工图"和"任务书"。印发《中共广东省委 广东省人民政府关于贯彻落实〈粤港澳大湾区发展规划纲要〉的实施意见》《广东省推进粤港澳大湾区建设三年行动计划（2018—2020年）》等文件，明确广东省推进大湾区建设的总体要求、具体目标、建设举措等。

3）突破重点领域体制机制障碍。出台"科创12条"，在港澳高校和科研机构承担省科技计划项目、省财政科研经费跨境使用、财政科研资金管理等方面提出了具体措施。积极落实16项惠港、惠澳政策措施，支持深港科技创新合作区建设，对进境动物源性生物材料实行通关便利，放宽内地人类遗传资源过境港澳的限制等。

（2）加快推进重点区域跨境创新合作。

1）推动深港科技创新合作区积极打造深化香港与内地合作的改革试验田。创新共建机制，建立了合作区开发建设联席会议，双方分别成立园区开发运营管理公司，互派董事，共同加快合作区开发建设。加快体制机制创新，在国家批复的首批五条先行先试政策中，港澳科研设备过关免予办理强制性产品认证已落地实施。

2）推动深圳前海深港现代服务业合作区对港开展创新合作。截至2020年，累计推出制度创新成果475项，在全国复制推广50项，在广东省复制推广69项，深圳全市复制推广122项。推进"深港通注册易""深澳通注册易"，实现服务港澳企业"零跑动"。建设了前海深港基金小镇、前海深港青年梦工场等一批面向港澳的创新创业平台。

3）推动广州南沙粤港澳全面合作示范区加快建设。加快人才跨境流动，率先试点聘任港澳劳动人事争议仲裁员，首批已有7名仲裁员依法履职。推出"大湾区国际人才服务窗口"，实现93项人才服务事项"一站式"办理，为境外人才提供最优质服务。香港科技大学（广州）开工建设。

4）推动珠海横琴加快建设粤港澳深度合作示范区。建立以惠澳利澳为核心的政策体系，积极承接港澳优质项目，支持港澳台青年在横琴创新创业。截至2020年，横琴注册的港澳企业有2946家，其中澳资企业1594家；横琴澳门青年创业谷累计孵化项目349个，澳门创业团队达186个。

（3）不断推动创新资源自由流动与共享。

1）推动科研资金跨境使用。制定港澳高等院校和科研机构参与广东省财政科技计划的若干规定，截至2020年，已有11项由港澳机构牵头或参与的重点领域研发计划项目获准立项。支持港澳高校及在粤机构稳定承担国家重大科研项目，截至2020年，立项项目累计达到808项，获得支持资金约5.8亿元。开展粤港、粤澳联合资助计划，进一步推动粤港澳协同创新。

2）突破省科技创新券使用区域限制。首次将香港生产力促进局等3家港方机构纳入授权服务机构名单，允许省内科技型中小微企业利用创新券购买港方机构的科技服务。

3）逐步健全粤港澳创新创业人才流动机制。实施粤港澳人才合作示范区人才管理改革措施，全面实施人才"优粤卡"政策、外国人来华工作许可制度和外国人才签证制度。

4）推进大型科学仪器设备共享。依托广东省科技资源共享服务平台（粤科汇），汇聚全省大型科学仪器8354台（套），向多所港澳高校院所提供科研仪器设施共享服务。

5）建立新型科技信息资源服务体系。推动粤港澳共享国际国内科技信息资源，年实现信息检索38万人次，浏览量达112万人次。

6）推进粤港澳实验动物科技合作。港澳地区利用广东省实验动物开展生命科技创新合作成效显著，截至2020年，已建立8家实验动物资源共享机构。

（4）着力构建伙伴式创新合作平台体系。

1）推动重大科技基础设施向港澳开放。依托国家超算广州中心南沙分中心、珠海分中心，开通香港科技园和澳门网络专线，服务港澳地区用户近200家。东莞散裂中子源已向香港开放谱仪。

2）共建省实验室和联合实验室。截至2019年，新组建10家粤港澳联合实验室。10家广东省实验室中，共有8个香港科研机构，约36位香港科学家、5位澳门科学家深度参与。

3）将港澳高校、科研院所科技成果引进到珠三角转移转化。设立了大湾区人工智能海洋科技创新中心等创新平台，截至2019年，香港中文大学等6所香港高校在粤设立科研机构超过70个。

4）鼓励支持港澳青年来粤创新创业。截至2019年，广东全省拥有广州粤港澳（国际）青年创新工场、横琴澳门青年创业谷、前海深港青年梦工场等50多个面向港澳的创新创业平台，共有港澳创业孵化基地131家，吸引港澳创业团队和企业超过1000个。[①]

（5）建设"广州—深圳—香港—澳门"科创走廊。作为大湾区的四大中心城市，香港、澳门、广州、深圳既是区域经济社会发展的核心引擎，又是各类创新特别是科技创新的主要载体和关键基地，其联动发展直接决定着大湾区创新的质量与水平。建设"广州—深圳—香港—澳门"科创走廊，是基于现实基础和发展需要的必然选择，有利于加快提升大湾区新兴技术原创能力和科技成果转化能力。在建设过程中，粤港澳主要做了以下四方面的工作：一是精准梳理四地创新资源状况，按照突出比较优势、形成一体联动的原则做好顶层设计；二是打破障碍，着力实现人才、技术等创新要素区际自由流动与高效

---

① 刘毅，周振江，段艳红，等．推进粤港澳大湾区三地科技创新规则衔接的思路与建议［J］．科技调研报告，2020（9）：11-14．

集聚；三是着眼于突破瓶颈制约，协同共建创新平台和技术支撑体系；四是对照先进标准一体优化营商环境，积极吸引和对接全球创新资源。

2. 稳步提升原始创新能力

2019年广东省组建了省基础与应用基础研究基金委员会，健全专业化管理机制，稳定支持基础与应用基础研究，并与国家自然科学基金体系紧密衔接。面向世界科技前沿，聚焦国家经济社会发展的关键领域和广东优势特色产业发展面临的重大科学问题，启动实施首批13个省基础与应用基础研究重大项目。与国家自然科学基金委员会签署新一轮合作协议，双方2020—2025年将共同投入8亿元开展有区域特色的基础研究。2019年获国家自然科学基金项目4256项，金额23.19亿元；省科技厅联合广州、深圳、佛山、东莞，共同出资2.4亿元设立省市联合基金；设立温氏联合基金，广东龙头企业每年捐赠1000万元。广东初步构建起包括国家联合基金、省重大项目、省内联合基金、省杰青与面上项目四大板块的基础与应用基础研究资助体系，形成了从10万元到上亿元的基础研究"金字塔"支持格局。

3. 大力推进高端创新平台建设

按照"一室一策""核心+网络"等新模式启动组建广东省实验室，是广东省委省政府为了瞄准新一轮创新驱动发展需要，培育创建国家实验室，打造国家实验室"预备队"做的准备。2017年12月22日下午，广东省正式启动建设首批4家省实验室，它们分别是广州再生医学与健康广东省实验室、深圳网络空间科学与技术广东省实验室、东莞材料科学与技术广东省实验室和佛山先进制造科学与技术广东省实验室。

广东省实验室由省政府进行统筹规划、顶层设计，地市政府主导建设、运营与管理。广东省依托高校、科研院所、大科学装置、企业等具有研究基础和优势的单位，采取协同共建、地级以上市政府牵头组建等模式组织建设省实验室。为充分发挥政府财政支持基础性、前沿性研究的主体作用，省实验室建设以地级以上市财政投入为主，省财政奖励后补助予以支持保障。广东省发挥省市联动性，拓宽资金的投入渠道，引导和鼓励社会资本等投入省实验室建设。

广东省还出台了省实验室建设管理的规范性文件，通过"放管服"和去行政化改革，赋予省实验室自立项目视同省科技计划项目、正高职称评审权、进口科研设备备案制采购、实行社会化用人模式和市场化薪酬等多项自主权限。目前，全省10家省实验室布局基本完成，为争取国家实验室在粤布局打下了良好基础。

与此同时，广东省加速推进高水平创新研究院建设。引进国家纳米科学中心、中科院空天信息研究院、中科院微电子所、北京协同创新研究院等17家国家级大院大所在广东省建设高水平创新研究院，推动了一批国家重大项目在广东省布局实施，为加快构建高质量发展动力系统发挥了积极作用。

4. 不惜血本推进核心技术攻关

广东省围绕产业发展"卡脖子"技术，以不惜血本、久久为功之势推进实施九大重点领域研发计划，采取竞争申报、定向委托、"揭榜制"等多种形式面向全国组织，在量子通信领域成功布局四批"先手棋"项目。充分发挥广东省在移动通信领域的优势，主动承接国家重大战略任务，与科技部联动推进实施国家重点研发计划"宽带通信和新型网络"重点专项。广东省承担了一半的科研攻关和应用示范任务，合作构建"中央财政和地方财政共同出资、社会资本和企业跟进投入"的多元出资模式，带动社会资本投入超过100亿元，不断完善部省协同推进国家重点研发计划的决策管理和组织实施工作机制。通过接续支持、联合支持、补齐支持、补充支持等方式，联动中央、省、市财政资金大力支持国家布局且可落地广东省的重大科技项目。

5. 高新技术企业和高新区高质量发展

广东省牢牢扭住高新技术企业这个"牛鼻子"，充分发挥企业创新主体作用，支持创新型企业提升自主研发能力，推动国家级高新区地市全覆盖，引导全省科技孵化载体向国际化、专业化、生态化方向发展。截至2019年，全省高新技术企业超5万家，孵化器、众创空间各近千家，在孵企业超3.1万家，数量居全国首位，为近60万青年人员提供创业就业平台和机会。成功创建国家柔性及印刷显示创新中心，新建省级企业工程技术中心超700家，规模以上工业企业建立研发机构的比例达40%。以省政府名义出台《关于促进高新技术产业开发区高质量发展的意见》《广东省省级高新技术产业开发区管理办法》，通过制度创新、技术提升、产业发展等多项举措推动高新区焕发新一轮创新发展活力，如深圳高新区连续3年保持全国第2位，广州高新区排名跃升至第7位，全省近2/3的高新区排名实现上升。推进生物医药产业、环保产业、海洋产业、现代种业和精准农业健康发展，在交通、水安全、疾病防控等19个领域布局建设省协同创新中心。[①]

6. 优化创新环境

以省政府一号文出台"科创12条"。修订《广东省自主创新促进条例》等地方性法规规章，在立法层面对产权激励、科研伦理进行规范。全面实施人才"优粤卡"政策、外国人来华工作许可制度和外国人才签证制度，2019年在粤工作外国人才总量和外国高端人才数量均约占全国总量的1/5。通过参与组织高交会、海交会、人工智能大会等系列高端交流活动，大力将国际高端资源"引进来"，推动企业和科研机构"走出去"。深化"放管服"改革，实施省科技专项管理体制改革，落实"大专项+任务清单"，下放科技项目管理权限，建立健全符合创新规律的科研管理监督评价体系。出台"三评"改革实施方案，改革成效得到中央改革办督察组的充分肯定。推动科技、金融、产业融合，积极开展普惠性科技金融试点。

---

① 广东省科学技术厅.2019年科技工作总结及2020年科技工作重点［EB/OL］.广东省科技厅网，2020-07-30.

7. 深圳：构建全过程创新生态链

"十三五"以来，深圳获批建设粤港澳大湾区综合性国家科学中心，成立鹏城实验室，获批建设全国首批可持续发展议程创新示范区，国家创新型城市创新能力居全国城市首位。2015—2019年，深圳全社会研发投入从732.29亿元增长到1328亿元，研发投入强度从4.18%增长到4.93%。深圳把推进产学研资深度融合作为实施创新驱动发展战略的重要抓手，不断完善"基础研究+技术攻关+成果产业化+科技金融+人才支撑"的全过程创新生态链，加速促进科技创新成果转移转化。

（1）加强顶层设计，向基础研究冲锋。深圳实施财政支持基础研究补短板工程，持续向基础研究和应用基础研究冲锋。深圳以立法形式确立将不低于30%的市级科技研发资金投向基础研究和应用基础研究，2020年投入44.85亿元，占比达38%。

同时，深圳出台我国首部覆盖科技创新全生态链的地方性法规《深圳经济特区科技创新条例》，以立法形式为构建和完善全过程创新生态链提供有力保障；印发实施《深圳市关于加强基础科学研究的实施办法》，提出23条具体举措，成体系支持基础研究。深圳正不断通过加强顶层设计，加快完善科技创新环境和制度。

未来深圳还要前瞻布局人工智能、6G、量子科技、深海深空、无人驾驶、智能网联汽车等前沿领域，抓住未来科技创新的"牛鼻子"。

截至2020年，深圳已累计设立基础研究机构12家、省级新型研发机构46家、各类创新载体2700多家。通过构建"基础研究+技术攻关+成果产业化+科技金融+人才支撑"的全过程创新生态链，大量科研成果不断走入市场，成为推动深圳高质量发展的利器。[1]

（2）实施技术攻关"卡脖子"工程。深圳围绕产业链部署创新链，实施技术攻关"卡脖子"工程，打好关键核心技术攻坚战。深圳

---

[1] 深圳构建全过程创新生态链［N］. 中华工商时报，2021-05-10.

聚焦核心电子器件、高端通用芯片、基础软件产品等核心关键元器件，实施重大项目、悬赏项目、重点项目和面上项目的梯度攻关计划，探索"赛马式资助竞争机制""一技一策""一企一策""链式布局"等组织方式，截至2020年累计组织实施技术攻关重点项目7批共80个，资助金额7.21亿元，有效推动了企业的创新发展。

（3）建立创新机制，推动科技成果转化。近年来，深圳通过建立联合攻关与成果转化机制，鼓励企业、科研机构、高校建立产业技术联盟，将企业对技术的需求快速传递到科研机构和高校，利用科研团队展开联合技术攻关、协同创新，最终实现成果快速转化。

搭建科技成果转化平台，激励研发团队开展科技成果转化。例如，加快构建"众创空间—孵化器—加速器"的创业孵化链条，截至2020年，全市共有市级（含）以上科技企业孵化器141家、众创空间281家，其中，国家级孵化器30家，国家备案众创空间112家，国家专业化众创空间3家。

（4）发展科技金融，提高科技成果转化效率。为提高科技成果转化效率，深圳设立了全国首只50亿元规模的天使投资引导基金，100%投资种子期、初创期企业孵化发展项目，并于2020年增资50亿元，累计投资230多个天使项目。

（5）完善人才资助体系。人才始终是深圳创新发展链条中最重要的一环。为此，深圳构建从博士到诺贝尔奖科学家的分阶段、全谱系、资助强度与规模合理的人才资助体系，强化高层次人才团队项目的主动布局。截至2020年，累计支持高层次人才团队213个，资助合计48.3亿元，激发了人才创新活力。[①]

（三）"十四五"时期广东省科技创新的重点

实现高水平自立自强是构建新发展格局的最本质特征，也是广东省打造战略支点的胜负手。"十四五"时期，广东科技工作将把科技

---

① 杜婷. 深圳加快构建全过程创新生态链 [N]. 深圳晚报，2021-03-07.

自立自强作为战略支撑，坚持"四个面向"，完善创新体系，以建设粤港澳大湾区国际科技创新中心为"纲"，着力强化战略科技力量布局，打造体现国家使命、具有广东特色的"科技王牌军"，聚焦基础研究和关键核心技术攻关、创新资源优化配置、科技创新治理能力提升等，促进产业链和创新链深度融合，加快建设科技创新强省，力争成为支撑我国跻身创新型国家前列的核心力量。

1. 坚决抓住科技创新这个"牛鼻子"

主动融入国家创新发展大局，在综合性国家科学中心、国家实验室、国家技术创新中心等方面积极承接国家布局，引进国家重大科技成果并在广东转移转化，打造一批世界级领先企业和产业，实现广东科技创新走在全国前列，主动迎接世界百年未有之大变局。

2. 携手港澳打造粤港澳大湾区国际科技创新中心

紧密团结港澳，推动粤港澳创新规则对接、资源共享，促进广东制造业与港澳现代服务业融合发展，吸引更多港澳科技人才和青年人才来粤创新创业。全力支持深圳建设中国特色社会主义先行示范区，以同样力度支持广州实现老城市新活力和"四个出新出彩"，构建更高水平的开放创新体系，引领全省"一核一带一区"实现高质量发展。

3. 积极做好创新驱动顶层谋划设计

深化科技体制机制改革，完善创新治理体系，以市场为主体配置创新资源，加快探索关键核心技术攻关新型举国体制。加强对接国家发展战略，谋划全省未来科技发展规划。持续优化创新政策环境，在生物医药、科技金融、海洋经济和"三评"改革等方面出台一批更有力度的专项政策，加大科普宣传力度。

4. 不断为新经济发展注入新动能

支持梅州、揭阳、云浮等地市高新区升级为国家高新区，认定布局一批新的省级高新区、农业科技园，加快大学科技园和孵化器建设，培育孵化更多新兴高技术企业。大力推动创新链和产业链融合，推动制造业高质量发展，继续狠抓核心技术攻关不放松，在5G、4K/8K、数字经济、海洋经济、无人驾驶等领域培育新动力、新引擎。

5. 持续优化创新生态环境

持续开展"科创12条"、《广东省自主创新促进条例》的宣传贯彻工作。进一步落实"放管服"改革，优化科研项目评审管理，完善科研机构评估制度。围绕科技信贷、科技创业投资和科技资本市场等，扩大普惠性科技金融政策覆盖面。重视科普教育和科技宣传，加强与传统媒体、新媒体的合作。

二、江苏省科技创新的经验

作为我国首个创新型省份建设试点省，江苏肩负着为全国探路的重任。2019年江苏省科学技术厅出版了《创新，引领发展的第一动力：江苏创新型省份建设的探索与实践》[①]，介绍了江苏省的创新经验。根据此书和江苏省的实践，下面我们对江苏省科技创新的经验进行分析。

（一）江苏省科技创新的成绩

2020年，江苏省全社会研发投入占GDP的比重达2.82%，较2015年提高0.29个百分点；科技进步贡献率达65%，较2015年提高5个百分点。江苏科技创新的成绩主要体现在以下四个方面。[②]

（1）重大原创科技成果不断涌现。毫米波相控阵芯片、海上浮式生产储卸油平台、信迪利单抗注射液等一批重大原创科技成果相继问世；"奋斗者号"载人深潜器、"神威·太湖之光"超级计算机、"昆仑"超级计算机、"悟空号"暗物质离子探测卫星等"大国重器"的背后都有江苏科技的坚实力量；牵头或参与的241个通用项目获国家

[①] 江苏省科学技术厅. 创新，引领发展的第一动力：江苏创新型省份建设的探索与实践 [M]. 南京：江苏人民出版社，2019.
[②] 加快建设科技强省，助稳助强"产业链供应链"——省政协委员、省科学技术厅一级巡视员段雄接受2021江苏省两会新华报业"两会云访谈"采访 [EB/OL]. 江苏省科技厅网，2021-02-09.

科学技术奖励,占全国的20%以上;王泽山院士、钱七虎院士相继获国家最高科学技术奖。

(2) 科技赋能产业发展成效明显。聚焦集成电路、高端装备制造、生物医药等重点领域,加快突破关键基础材料、核心零部件、先进基础工艺等瓶颈制约,以科技为产业赋能、为企业纾困、为产品增值。截至2020年,我国15.1%的领跑技术分布在江苏,全国出口的高技术产品中超过1/5来自"江苏制造"。

(3) 创新体系整体效能显著增强。苏南国家自主创新示范区一体化发展步伐加快,国家高新区数量居全国第一位。

(4) 创新创业生态持续优化。研究出台"科技创新40条""科技改革30条"等政策措施,增强科研人员获得感,释放全社会创新潜能。

(二) 江苏省科技创新的主要特点

1. 建设苏南国家自主创新示范区

2014年10月20日,国务院批复同意支持南京、苏州、无锡、常州、昆山、江阴、武进、镇江8个高新技术产业开发区和苏州工业园区建设苏南国家自主创新示范区(简称苏南自创区),战略定位是建设成为"创新驱动发展引领区、深化科技体制改革试验区、区域创新一体化先行区和具有国际竞争力的创新型经济发展高地"。江苏省委省政府2015年2月召开深入实施创新驱动发展战略暨建设苏南国家自主创新示范区工作会议,出台《关于建设苏南国家自主创新示范区的实施意见》,省政府成立示范区建设工作领导小组。积极争取国家相关部委支持,国务院成立了由科技部等11个国家部委组成的示范区建设部际协调小组。2015年7月,江苏省审议通过《苏南国家自主创新示范区发展规划纲要》,8月由科技部正式印发。2018年2月,江苏省人大颁布实施《苏南国家自主创新示范区条例》。

经过五年多的创建,苏南自创区构建了以创新资源集聚为特色的高新区创新发展机制、以高新技术企业培育为特色的企业创新发展机制、以产业技术创新中心为特色的产业集聚发展机制、以产业技术研究院为特色的政策先行先试机制、以科技人才创业为特色的大众创业机制、以科技金融风险补偿为特色的科技金融发展机制、以整体联动统筹发展为特色的创新一体化发展机制等七大发展机制。2020年5月,江苏省政府印发《苏南国家自主创新示范区一体化发展实施方案(2020—2022年)》。根据该方案,苏南国家自主创新示范区一体化发展主要有以下几个方面的工作。

(1)健全推进一体化发展的组织机构和工作机制。在省苏南自创区建设工作领导小组的领导下,围绕决策、咨询、执行三个重点环节,建立健全推进一体化发展的组织机构和工作机制,形成推进创新驱动发展的体制优势和组织优势。

在决策环节,成立苏南自创区理事会,研究提出苏南自创区发展战略、发展规划、重大政策以及年度目标任务,研究审议年度重大项目、重大平台建设、经费预算等事项,统筹协调苏南自创区建设各项重点任务。

在咨询环节,成立由规划、产业、经济、科技、管理、金融、企业、法律、生态环境等方面资深专家组成的苏南自创区专家咨询委员会,研究提出高质量的咨询建议,为理事会决策提供依据。

在执行环节,以市场化模式设立实体化运作的苏南自创区管理服务中心,具体负责苏南自创区重大科技平台和项目实施的管理服务,承担创新型园区建设、创新型企业培育、创新型产业集群发展等专业化科技服务工作。

(2)完善苏南一体化实施工作推进体系。在深化苏南五市创新一体化发展布局的基础上,江苏省将围绕建立一体化实施工作推进体系,统筹实施六大行动计划,提升创新体系整体效能。

1)实施创新型园区建设行动计划。突出高新区科技创新主阵地作用,加快打造一批集知识创造、技术创新和新兴产业培育于一体的创新核心区,完善高新区考核评价制度和指标体系。到2022年,苏南自创区高新区进入世界一流高科技园区、国家创新型科技园区和创新型特色园区的达 11 家。

2）实施创新型企业培育行动计划。深入实施高新技术企业培育"小升高"行动，量质并举壮大高新技术企业集群，努力在苏南地区打造一批研发实力与创新成果国际一流、产业规模与竞争能力位居前列的创新型领军企业。到 2022 年，苏南地区高新技术企业力争达 2.1 万家。

3）实施创新型产业集群发展行动计划。强化省市联动和跨市域分工合作，完善高新区"一区一战略产业"动态管理机制，加快建设一批国家级战略性新兴产业集群、先进制造业集群试点。到 2022 年，苏南地区国家创新型产业集群试点达到 10 家左右。

4）实施开放型创新生态建设行动计划。发挥苏南科教资源丰富和开发开放的优势，深化与以色列、芬兰、挪威等重点创新型国家和地区的产业技术研发合作，大力提升中以常州创新园等的建设水平，举办苏南发展高端峰会等交流活动，有力促进区域一体化发展合作。

5）实施人才发展一体化行动计划。加快建设苏南人才管理改革试验区，着力构建沪宁沿线人才创新走廊，加强苏南自创区人力资源市场一体化建设，进一步完善海外高层次人才居住证制度。到 2022 年，苏南地区力争引进高层次创新创业人才 1 万人。

6）实施全面创新改革试验推进行动计划。积极争取国家有关部委支持，深入开展创新政策先行先试，着力在区域协同创新、科技资源开放共享、新型研发机构建设等方面寻求突破，率先形成一批可复制、可推广的创新改革经验成果。

2. 建设江苏省产业技术研究院

江苏省产业技术研究院（简称江苏产研院）成立于 2013 年 9 月 27 日，是经江苏省政府批准成立的新型科研组织，也是具有独立法人资格的省属事业单位。截至 2021 年，该院已经建立了 53 家研究所，集聚 8000 多名研发人员；衍生孵化的企业超过 780 家，转化技术成果超过 4500 项。

江苏产研院通过在管理体制、运行机制、资金使用方式、用人机制及激励机制等方面的探索和实践，充分调动了科研人员的积极性。

（1）组织机构。江苏产研院由总院、专业性研究所、产业技术创新中心和产业技术研发协会组成，实行理事会领导下的院长负责制。

总院为具有独立法人资格的省属事业单位，主要开展研究所的遴选、业务指导、绩效考评、前瞻性科研资助，以及重大项目组织、产业技术发展研究等工作。

专业性研究所主要由江苏省内的产业技术研发机构申请设立，实行预备制和动态管理，主要从事技术研发、成果转化、公共服务以及人才引进与培养等工作。专业性研究所同时拥有高校院所科研人员和独立法人实体聘用的专职从事二次开发的研究人员，对两类人员实行两种管理体制，充分调动地方和企业的积极性，促进高校院所科研人员的创新成果向市场转化。

产业技术创新中心主要开展产业技术创新、创新资源和要素整合、海内外高层次人才创新创业扶持、产业技术扩散和企业孵化、产业创新投融资服务等工作。

产业技术研发协会是具有独立法人资格的社会团体，主要服务传统产业转型升级和培育战略性新兴产业，推动会员开展产业共性应用技术研发、转移和转化，为江苏科技型中小企业提供公共服务。

（2）运行机制。为防止体制回归，江苏产研院不设行政级别，实行理事会领导下的院长负责制，改革财政科技资金的使用方式，推行项目经理制，由项目经理组织产业重大技术攻关，自主组建项目团队，自主考察推荐优质项目；探索"民办公助"的社团法人管理模式，以会员制形式吸纳符合条件的独立研发机构加盟成立产业技术研发协会，推进协会明确权责、依法自治、发挥作用，根据研究所业绩给予必要的运行补贴和项目支持；加大知识财产权分配制度改革，健全技术创新的激励机制，创新商业模式，大幅提高成果转化收益分配中创新创业者所占的比例。

（3）经费来源。总院运行经费主要来源于省财政事业费、竞争性项目经费、技术成果收益和社会捐赠。专业性研究所运行经费由自身、依托单位和地方政府承担，总院给予年度前瞻性科研资助，鼓励各类社会资金参与研究所的项目研发。

（4）股权激励。专业性研究所拥有科技成果的所有权和处置权，鼓励研究所让科技人员更多地享有技术升值的收益，通过股权收益、期权确定等方式，充分调动科技人员创新创业的积极性，让科技人员"名利双收"。

3. 建设江苏省实验室

近年来，江苏省为抢抓国家新一轮创新基地布局的机遇，瞄准创建国家实验室的目标，筹划建设江苏省实验室，努力打造国家实验室"预备队"。2020年5月，省重大科技创新平台建设工作领导小组印发《江苏省实验室建设工作指引（试行）》，提出以国家目标和科技前沿为导向，加强超前谋划和前瞻布局，省地联动推进江苏省实验室建设。江苏省先后布局建设了南京网络通信与安全紫金山实验室、苏州材料科学姑苏实验室和无锡深海技术科学太湖实验室。其中，紫金山实验室创建国家实验室取得突破性进展，已进入国家战略科技力量序列。

（三）江苏省科技创新的战略性任务

面对新形势、新任务和新要求，江苏省将坚持"四个面向"，围绕推动科技自立自强，深入实施创新驱动发展核心战略、科教与人才强省战略，完善区域创新体系，强化基础研究和原始创新，推进产业链和创新链深度融合，全面增强原始创新能力、产业科技创新能力、创新资源配置能力、科技创新治理能力，大幅提升产业科技创新力、竞争力、影响力，打造具有全球影响力的产业科技创新中心。[①]

[①] 江苏省科技厅. 省科技厅部署"十四五"及2021年全省科技创新工作［EB/OL］. 江苏省科技厅网，2021-01-25.

重点抓好三个方面的战略性任务：一是全面提升在国家创新体系中的地位，强化战略科技力量布局，提升苏南国家自主创新示范区创新引领能力，推动高新区高质量发展，深化省产业技术研究院改革创新，力争更多创新载体纳入国家创新体系。二是实施关键核心技术攻坚工程，在前沿引领技术基础研究、前瞻性产业技术创新、重大科技成果转化上取得一批实质性成果。强化企业创新主体地位，推动各类创新要素向企业集聚，壮大以高新技术企业为主体的创新型企业集群。三是营造竞争力强的创新创业生态，完善科技成果高效转移转化机制，改进科技项目组织管理方式，健全多元化科技投入体系，深化拓展全球产业创新合作伙伴关系，融入全球创新网络。

重点做好以下八个方面：

第一，以重大需求和重大任务为牵引，实施关键核心技术攻坚工程。聚焦最有基础、最有优势和最需突破的领域，把集中力量办大事的制度优势同发挥市场在资源配置中的决定性作用有机结合起来，加强前沿战略部署，推进"卡脖子"环节攻关，优化完善重大科技任务组织方式，加强产业转型升级和科技赋能，以更多高质量、高水平科技供给支撑建设自主可控的现代产业体系。

第二，以筑牢科技创新基础为目标，强化基础研究和原始创新。把提升原始创新能力摆在更加突出的位置，强化基础研究纵深部署、重大基础研究项目组织和基础研究队伍建设，着力实现前瞻性基础研究、引领性原创成果的重大突破。

第三，以提升重大科技平台建设效能为重点，集聚战略科技力量。围绕国家战略实施和江苏产业需求，提升江苏省实验室建设水平，整合重组重点实验室体系，高水平建设产业技术创新中心，加快推进省重大科技创新平台项目库新一轮调整完善，努力打造标志性重大科技平台载体。

第四，以增强自主创新能力为关键，强化企业创新主体地位。健全技术创新体系，深入实施高新技术企业培育"小升高"行动，探索创新领军企业牵头组建创新联合体的有效机制，实施企业研发机构高质量提升行动，深化省科技资源统筹服务中心建设，进一步壮大以高新技术企业为骨干的创新型企业集群。江苏省科技厅以省科技成果转化专项资金为牵引，联合国家高新区共同开展创新型产业集群培育试点工作，围绕"一区一战略产业"培育和发展创新型产业集群。2021年度创新型产业集群培育试点聚焦集成电路、人工智能、生物医药等重点产业领域，发挥国家高新区的战略性新兴产业集聚作用，按照科技创新与产业发展相结合、省级引导与地方主导相结合的原则，以集群领军企业和关键核心技术企业为主体，鼓励龙头企业牵头整合产业链上下游，组建创新联合体进行协同创新，着力集成转化一批关键核心技术成果，形成以技术相关、功能相近、市场同向、资源相同等为主要特征的高新技术产品群，培育一批具有国际竞争力的创新骨干企业，打造产业规模领先、掌握关键核心技术、产业技术体系完备、大中小企业融通发展、具有国际竞争力的创新型产业集群，为区域现代化经济体系建设提供重要支撑。[1]

第五，以优化区域创新布局为着力点，打造区域产业创新增长极。抢抓落实国家区域发展重大战略机遇，提升苏南自创区创新引领功能，推动高新区高质量发展，推进长三角科技创新共同体建设，强化协调发展、协同互动。

第六，以推进开放协同创新为抓手，增强创新体系整体效能。充分发挥江苏国际循环重要通道优势，实施更加开放包容、互惠共享的开放创新合作战略，着力提升国际科技合作水平、引才引智服务水平、产学研合作水平以及科技创业载体建设专业化水平。

第七，以深化体制机制改革为动力，激发全社会创新创业活力。加大改革先行力度，发挥省产业技术研究院改革"试验田"作用，高水平建设技术产权交易市场，探索科技监督工作新机制，完善科研诚

---

[1] 江苏省科技厅. 省科技厅启动创新型产业集群培育试点 [EB/OL]. 江苏省科技厅网, 2021-03-23.

信体系，优化政策环境和创新生态。

第八，以科技惠民富民为落脚点，提高人民群众科技获得感。加强现代农业和社会发展领域科技创新，增加普惠和公共科技供给，用科技创新保障粮食安全、护航人民生命健康。[①]

[①]王秦. 加快建设科技强省 塑造创新驱动发展新优势［J］. 群众，2021（3）：10-12.

第三篇 路径研究

第六章 创建综合性国家科学中心

建设综合性国家科学中心是增强国家战略科技力量的重要抓手。浙江省"十四五"规划中提到,"以杭州城西科创大走廊为主平台建设创新策源地,打造综合性国家科学中心和区域性创新高地",杭州市也将"争创综合性国家科学中心"列入了"十四五"规划目标。杭州市应学习借鉴四大综合性国家科学中心建设经验,积极打造浙江省的综合性国家科学中心。

一、杭州具备创建综合性国家科学中心的基础

建设综合性国家科学中心是增强国家战略科技力量的重要抓手。杭州是浙江的省会城市,科技资源相对丰富,以信息技术为代表的创新产业实力强,具备了创建综合性国家科学中心的基础。

（一）建设综合性国家科学中心是增强国家战略科技力量的重要抓手

基础研究和原始创新能力不足是我国创新型国家建设的短板之一,国家经济社会发展对战略科技力量的需求比以往任何时期都更加迫切。综合性国家科学中心是国家创新体系建设的基础平台,集中体现了国家创新战略和区域发展战略,推动着科研基础设施群与政产学

研多元创新主体的系统集成，将成为建设创新型国家的重要支撑力量。

1. 建设创新型国家的内在需要

全球科学研究进入大科学时代，科学前沿的革命性突破越来越依赖于重大科技基础设施提供的综合性极限研究手段，离不开强大的基础科学研究。从各国科技发展历史看，基础研究的深度决定了前沿技术创新的高度。经过多年发展，我国基础科学研究已经取得长足进步，综合科技实力显著提升，在全球范围内的影响力不断扩大。但与建设世界科技强国的要求相比，基础科学研究能力不足的短板依然突出，重大原创性成果大幅落后于全球科技领先国家。增强国家战略科技力量是一项长期的任务，建设综合性国家科学中心是其中一项重要举措。综合性国家科学中心是国家参与全球科技合作与竞争的重要载体，对全国乃至全球科学技术创新具有示范引领和辐射带动作用。

科技创新中心是科技创新在城市或者地域空间上的功能表现，其数量和等级直接体现一个国家的科技实力和综合国力。要进一步提升我国的基础科技研究能力，关键是要加快重大科技基础设施建设，发挥好重大科技基础设施在集聚科研人才、强化协同效应、促进跨学科研究等方面的关键作用，利用好综合性国家科学中心具有的平台属性——汇聚世界一流的科学家，促进资源优化配置，推进多学科合作研究。

2. 实现高质量发展的有力支撑

建设以重大科技基础设施为抓手的综合性国家科学中心是增强国家战略科技力量的重要举措，对于加快解决一批"卡脖子"的重大科学难题，突破核心技术瓶颈，提升我国在交叉前沿领域的源头创新能力和科技综合实力有重要意义。随着以低成本资源和要素投入形成的驱动力明显减弱，要实现可持续发展，必须把发展动力从资源和要素投入转到效率提升和科技创新上来，通过持续高水平的科技创新为经济发展打造强大引擎。未来必须通过增强国家战略科技力量，提升科技的创新力、保障力和引领力，发挥其在维护国家安全、提升综合国力、保障国计民生方面的支撑作用，以科技高质量发展支撑经济高质量发展。

从国内发展看，我国已经进入创新驱动的高质量发展阶段，这一阶段要推动经济从规模型、速度型增长向高质量发展转变，在发展动力上从要素驱动、投资驱动转向创新驱动。综合性国家科学中心作为中国实施创新区域发展战略和建设国家创新体系的重要平台载体，致力于在原始创新、基础创新、前沿创新领域不断取得新突破，这将有利于显著提升我国基础研究水平，提升原始创新能力，为高质量发展源源不断地提供内生动力。

（二）杭州创建综合性国家科学中心的基础

截至2020年，杭州数字经济核心产业已连续21个季度保持两位数增长，高新技术产业增加值占规模以上工业增加值比重连续6年稳步提升。杭州城西科创大走廊已经形成了产学研集群效应；阿里巴巴、海康威视等龙头企业对技术的推动、带动甚至倒逼作用，都是杭州打造科创高地的优势所在。

据统计，截至2020年，杭州有西湖实验室、之江实验室2个实验室纳入国家实验室建设序列，拥有1个大科学装置——浙江大学的超重力离心模拟与实验装置，22家在杭国家级科研院所，13家国家重点研究室，4家国家工程实验室等高层次科研机构和基础设施。

（三）杭州的不足

杭州市的基础研究创新土壤条件良好，多项资源数据尚算丰厚，但在大科学装置上，杭州市只有1家，与北京、上海、合肥等城市比，存在明显短板。

截至2018年，在已经建成和计划建立的国家大科学装置中，安徽省合肥市共有8个、上海市有5个、北京市有7个。截至2020年，深圳市主要依托光明科学城，已建有未来网络基础设施、深圳国家基因库、国家超级计算深圳中心等3个大科学装置。而杭州市截至2020年，在建的国家大科学装置仅1个。经北航杭州创新研究院、之江实验室的努力,"超高灵敏量子极弱磁场和惯性测量"和"多维超级感知"重大科技基础设施已经通过国家发展改革委组织的专家评审,有望获批建设。

在国家实验室数量方面,合肥市结合中科院有关布局,已拥有同步辐射等3个国家实验室;上海市拥有船舶与海洋工程国家实验室;北京市拥有正负电子对撞机等8个国家实验室;杭州市仅2个实验室纳入国家实验室建设序列。

二、四大综合性国家科学中心建设经验

目前我国有北京怀柔、上海张江、安徽合肥和广东深圳四个综合性国家科学中心,主要分布在创新条件好、创新能力强的区域,代表着国家科技创新发展的前沿。分析比较四大综合性国家科学中心建设情况,可以发现既有共性特征,也各有所长。

(一)科学规划,明确建设方向

北京怀柔综合性国家科学中心强调世界级原始创新承载,旨在推动原创成果的重大突破。按照规划部署,怀柔到2035年要成为"与国家战略需要相匹配的世界级原始创新承载区"。上海张江综合性国家科学中心强调前沿交叉创新能力,提升我国在前沿交叉领域的源头创新能力和科技综合实力,代表国家在更高层次上参与全球科技竞争与合作,未来要建成"科学特征明显、科技要素集聚、环境人文生态、充满创新活力的世界一流科学城"。安徽合肥综合性国家科学中心则侧重于国家创新体系的基础平台建设,开展多学科交叉和变革性技术研究,未来要"形成中国特色、世界一流的综合性国家科学中心及产业创新中心"。

北京怀柔综合性国家科学中心是我国最早成立的国家科学中心。目前,北京已经编制了《怀柔科学城总体城市设计方案》《怀柔科学城规划(2018—2035年)》《怀柔科学城科学规划(2018—2035年)》。根据规划文件,怀柔综合性国家科学中心以怀柔科学城为建设核心,主要支

持物质、空间、地球系统、生命、智能五大学科发展方向。目前已建成全球最大的风洞实验室、北京超级云计算中心、国家空间科学中心，并拥有世界上最大的高速列车模型实验平台——钱学森国家工程试验基地。未来还计划引进和培育致力于科研仪器设备设计、开发、研制、运维、服务的技术支撑型企业，把怀柔科学城打造成尖端科学仪器的研发高地。

上海出台了《张江科学城规划实施行动方案》《张江科学城建设规划》等文件。根据规划，张江综合性国家科学中心以张江科学城为建设核心，其建设基于"1+6"模式，按照"四大支柱"的框架有序推进。"1+6"模式：建设一个大科学装置群和主攻光子科学与技术、计算科学、纳米科技、能源科技、生命科学、类脑智能六个研究方向。"四大支柱"：第一支柱是张江科学城内的综合性实验室，主要立足于重大科技基础设施群；第二支柱是研究机构与创新研发平台，开展基础研究和开放合作的前沿交叉研究；第三支柱是创新网络，全面深入推进网络化协同创新；第四支柱是大型科技行动计划，积极组织、主导、参与全球科技竞争与合作计划。

合肥出台了《合肥综合性国家科学中心实施方案（2017—2020年）》《合肥滨胡科学城（国家级合肥滨湖新区）总体规划（2018—2035年）》。合肥综合性国家科学中心以滨湖科学城为建设核心，将重点筹建国家实验室、大科学装置和交叉平台。

2020年8月《中共中央 国务院关于支持深圳建设中国特色社会主义先行示范区的意见》发布，提出"以深圳为主阵地建设综合性国家科学中心，在粤港澳大湾区国际科技创新中心建设中发挥关键作用"。2020年11月，中科院与广东省签署《中国科学院深圳市人民政府共同建设综合性国家科学中心先行启动区合作协议》，根据协议内容，院省双方将充分发挥全面战略合作优势，以深圳光明科学城、深港科技创新合作区深圳园区、东莞松山湖科学城为载体，着力加强基础与应用基础研究、关键核心技术攻关和高水平创新平台建设。

四大综合性国家科学中心建设情况比较如表6-1所示。

表6-1 四大综合性国家科学中心建设情况比较

	北京怀柔	上海张江	安徽合肥	广东深圳
大科学装置	综合极端条件实验装置、地球系统数值模拟装置、高能同步辐射光源、空间环境地基综合监测网、多模态尺度生物医学成像设施	上海光源、国家蛋白质设施、超强超快激光装置、活细胞成像平台、软X射线自由电子激光装置、硬X射线自由电子激光装置、海底长期观测网、高效低碳燃气轮机试验装置	全超导核聚变托卡马克装置（EAST）、稳态强磁场大科学装置、同步辐射光源装置、聚变工程实验堆（CFETR）、合肥先进光源HALS、大气环境综合探测与实验模拟设施、超导质子医学加速器	未来网络基础设施、深圳国家基因库、国家超级计算深圳中心、综合粒子设施、中能X射线自由电子激光装置
研发平台	材料基因组研发平台、清洁能源材料测试诊断与研发平台、先进光源技术研发与测试平台、空间科学卫星系列及有效载荷研制测试保障平台、先进载运和测量技术综合实验平台	张江实验室、李政道研究所、中美合作干细胞医学研究中心、上海转化医学研究中心等	中科院量子信息实验室、综合性超导核聚变研究中心、大气环境物理研究中心	中国科学院先进技术研究院、深圳清洁能源研究院、中国（南方）知识产权营运中心
产业创新中心	北京石墨烯产业创新中心、北京市医疗机器人产业创新中心等	上海微技术工业研究院、新能源汽车及动力系统国家工程实验室、上海产业技术研究院等	微电子中心、离子医学中心、大基因中心、中科大先进技术研究院、合工大智能制造研究院等	深圳科技创新合作区展示交流中心

续表

	北京怀柔	上海张江	安徽合肥	广东深圳
战略性新兴产业	新一代信息技术、集成电路、医药健康、智能装备、节能环保、新能源汽车、新材料、人工智能、软件及信息服务、科技服务	集成电路、生物医药、智能制造装备、新能源智能汽车等	新型显示、生物医药、医疗器械、智能语音及人工智能、光伏新能源等	高端通信器件、高性能医疗器械
依托资源	中科院以及若干央企和国家实验室、大科学装置	复旦大学及若干国家实验室、大科学装置	中国科学技术大学、中科院合肥物质科学研究院以及若干国家实验室、大科学装置	深圳大学、中山大学深圳校区、中国科学院深圳理工大学、香港科技大学以及若干实验室、大科学装置
聚焦领域	物质、空间科学、大气环境、地球、信息与智能、生命	生命、材料、环境、能源、物质	能源、信息、材料、生命、环境和先进制造	5G、人工智能、生物、光源、通信

资料来源：根据各科学中心规划整理得到。

（二）对标国际前沿，高度重视重大科技基础设施和科研平台建设

北京怀柔综合性国家科学中心围绕原始创新承载，超前布局重大科技基础设施，现正加快建设26个重大科技项目，包括综合极端条件实验装置、地球系统数值模拟装置、高能同步辐射光源等5个重大科技基础设施。

上海张江综合性国家科学中心也注重超前部署重大科技基础设施，已建成上海光源一期、国家蛋白质设施等大科学装置，正在推进超强超快激光装置、活细胞成像平台、软 X 射线自由电子激光装置等项目。此外，上海张江还建立了上海微技术工业研究院、新能源汽车及动力系统国家工程实验室等产业创新中心，与上海科技大学、中科院上海高等研究院等研究机构确立合作关系，并先后成立张江实验室、中美合作干细胞医学研究中心等重大创新研发平台。

安徽合肥综合性国家科学中心的重大科技基础设施规划数量位居全国前列，已陆续建成同步辐射光源装置、全超导核聚变托卡马克装置、稳态强磁场大科学装置等。安徽合肥还建立了微电子中心、离子医学中心等产业创新中心，与中国科学技术大学、中科院合肥物质科学研究院等研究机构确立合作关系，并先后成立中科院量子信息实验室、综合性超导核聚变研究中心等重大创新研发平台。

广东深圳正加快建设光明科学城、深港科技创新合作区、西丽湖国际科教城及国家实验室、广东省实验室等重大科技创新平台。

(三) 探索科学中心建设运行管理制度，全面创新科研治理机制

通过制订规划方案、成立领导组织等，创建科学中心建设管理机制。一是创新管理体制。目前已经成立北京怀柔、上海张江科学城管理办公室以及省（安徽）院合作建设领导小组，创新运行管理体制。探索理事会领导下科学中心自主管理、科学家决策的运行机制。二是创新政策支持机制。例如，上海实施"双自联动"方案以支持张江科技创新和制度创新深度融合，并制订上海科创中心核心功能区 2020 行动方案；安徽则颁布合肥国家科学中心项目支持管理办法，规范科学中心项目管理并给予人才、土地等支持。三是全面创新科学中心科研治理机制，探索科研平台治理创新和科研项目治理创新。例如，上海探索院市共建张江实验室并由中科院管理，为首席科学家提供专业实验室定制服务；合肥探索科学中心企业化运转、人员合同制管理、

实行中长期目标考核等创新；北京探索与世界接轨的新型研发机构运行机制；上海探索与国际接轨的高新技术企业支持办法。北京、安徽颁布完善财政科研项目管理及提升科研绩效的政策，强化承担单位法人责任及赋予科研人员技术方案决策权等；北京颁布科技成果转化方案，支持高校设立科技成果转化岗。

（四）探索人才政策创新，建立全球科学人才引进机制

国家科学中心均建立了以引进高层次人才为目标的配套政策体系及组织机制。一是建立引才政策体系。北京怀柔实施高层次人才聚集行动计划，上海张江落实市级、区级人才支持政策，安徽合肥实施国家科学中心人才工作20条和高层次人才创新创业12条。二是建立引才工作机制。例如，上海成立海外人才局及张江（硅谷）人才工作站，合肥设置人才服务平台及引才大使，两地均创新外籍人才签证制度。三是开展人才政策实验。北京怀柔构建国际基础研究人才创新创业生态，上海张江建设国际人才试验区，安徽合肥建设国际人才城，以引进高层次人才。例如，北京怀柔引进具有世界水平的领衔科学家及创新团队；上海推出首席科学家和著名科学家领衔发展计划；安徽合肥综合性国家科学中心以中国科学技术大学和中科院合肥物质科学研究院"双引擎"为研究队伍核心，通过成立人才服务联盟，持续培育研究机构和团队；《深圳建设中国特色社会主义先行示范区综合改革试点实施方案（2020—2025年）》规定，按程序赋予深圳外国高端人才确认函权限，探索优化外国人来华工作许可和工作类居留许可审批流程，支持探索制定外籍"高精尖缺"人才认定标准，为符合条件的外籍人员办理R字签证和提供出入境便利等。

（五）实施大型科技行动计划，探索科学研究协同机制

一是紧扣地区科学发展方向，实施大型科技行动计划。北京怀柔关注物质、空间等基础研究，承接国家科技创新重大项目；上海张江开展光子科学、类脑科学等前沿研究，布局量子信息技术等专项；安徽合肥紧扣信息、能源等领域，启动量子通信与量子计算机研究国家

重大专项。二是推进核心技术研发。北京怀柔落实市技术创新行动计划，开展5G关键技术验证等11个前沿技术研究；上海设立市级科技重大专项，实施硅光子、脑与类脑智能等8个专项。此外，张江发起"全脑介观神经联接图谱"国际大科学计划，提升在运行大科学装置开放度以形成多学科综合研究平台。三是优化科研协同机制。在构建协同创新网络方面，北京怀柔推进在京创新主体对接，加强大科学设施联动；上海建立科技创新功能集聚区，建设联席会议制度，推进空间、产业和功能融合。此外，中科院在科学中心建设中发挥了重大作用。中科院与北京签署共建协议并共建中科院怀柔校区，与安徽签署创新合作协议并共建合肥科学中心。在重点建设协同研究平台方面，中科院与上海市和北京市分别共建张江实验室、怀柔纳米能源所等平台。

三、对策建议

根据各地已经公布的"十四五"规划和2035年远景目标，南京、武汉（东湖）、成都、西安、青岛等地都将申建综合性国家科学中心。杭州谋划创建综合性国家科学中心是落实省委、市委主要领导讲话精神和批示要求的重要举措，也是壮大杭州科技创新实力、实现科技自立自强的重要途径。基于四大综合性国家科学中心的建设经验，笔者对杭州创建综合性国家科学中心提出以下几点建议。[①]

（一）打造重大基础设施集群

重大技术的突破离不开投入巨大财力与人力的大科学工程或重大科技基础设施，要使集中科技资源、开展协同攻关的制度优势更好地转化为前沿科技领域的竞争优势，还需以建设完善国家重大科技基础设施集群为抓手，引进高端生产要素和整合全球创新资源，深度融入全球科技创新网络。科技基础设施是综合性国家科学中心的核心要

---

① 王立军，王书宇. 四大综合性国家科学中心建设做法及启示[J]. 杭州科技，2020（6）：22-28.

件，是吸引和集聚高层次人才与优化创新资源的重要因素，要以建设重大科技基础设施集群为重点，打造科技创新策源地，努力提升原始创新能力，构建优势科研力量汇集的基础条件。

目前杭州仅浙江大学拥有 1 个在建的国家重大科技基础设施——超重力离心模拟与实验装置。顺应大科学时代学科交叉融合及依赖重大科技基础设施的科学范式变化趋势，瞄准国际科技前沿，杭州应围绕数字经济、生命健康、海洋科学等领域，依托浙江大学、阿里巴巴、之江实验室、中国科学院肿瘤与基础医学研究所、北京航空航天大学杭州创新研究院等优势主体，加快推进建设新一代工业控制系统装置、量子精密测量与传感系统、重离子肿瘤精准治疗装置、城市大脑等重大科技基础设施（装置），打造国际引领性大科学装置集群。围绕芯片设计、操作系统等软硬件基础平台，将工业互联网平台、阿里 eWTP（电子世界贸易平台）等建设成为国际公共科研大平台。重大科学基础设施建设应以省、市地方财政投入为主，建立相关行政审批"绿色通道"，在设施用地、市政配套等方面给予充分保障。

（二）着力支持重大科技项目和人才团队建设

杭州要争取国家设立地区科技创新重大专项，联合攻关产业发展关键共性技术，加快推进一批科技合作项目建设。与四个科学城建立常态交流机制，积极承担国际前沿科学合作项目。在人才建设上构建具有竞争力的人才集聚制度，加强对青年人才的培养，加快吸引海外人才，借鉴北京、上海、深圳等地的海外引才方式，分专业类别搭建全球高端人才资源平台，在全球范围内搜索关键人才，将全球高层次人才纳为己用。

建议深化科技人才领域"最多跑一次"改革，进一步完善分类管理、分级负责的外国人才管理监督机制。探索外国人工作、居留两项许可并联受理。畅通海外科学家来华工作通道。提高外国人才签证含金量，给予持证人免办工作许可权益。积极推进外国高端人才服务"一卡通"工作，在职业资格许可认定、商业医疗保险，以及在境内停留、居留等方面提供便利。鼓励专业化、社会化服务组织为国际人才在杭州工作生活提供服务保障。建立科技人才安全预警和风险防范机制，做好海外引才安全保护工作。

（三）构建科技成果转化生态体系

科技成果转化既是一轮创新研发活动的终点，也是后续创新研发活动的起点和源头。杭州应以浙江省建设国家科技成果转移转化示范区为契机，构建科技成果转化生态体系。一是建立有利于高水平科技成果发明创造和转移转化的评价体系。建立多元的成果评价体系和科学的考核分类体系，把产业需求、国家发展战略需要与研究工作和个人发展结合起来，以免科研人员迫于短期考核压力难以开展具有挑战性和长期性的研究，为高水平创新人才创造潜心研究的环境。二是形成成熟的转移转化模式和利益分配机制。真正调动广大科技人员参与科技成果转化的积极性，探索构建多环节联合创新资助体系，提供宽松的政策环境和制度环境。三是培育成果转化专业服务机构与人才。充分发挥社会各界的力量，支持发展社会化、专业化的技术转移机构，打造专业人才队伍，做好服务和支撑。四是建设科技成果转化应用中心，以专业化、市场化、国际化服务为载体，构建从科研到产业化、再到资本运作的成果转化、企业高效孵化通道。坚持引进与培育相结合的产业发展战略，推动基础科研与产业发展需求有机衔接，形成双向协同的产业发展体系，强化新兴产业的策源作用。

（四）培育构建协同创新网络式生态系统

创新生态系统是一个地区和城市创新发展的高级形态，综合性国家科学中心作为原始创新平台，同样需要积极营造多元主体协力的创新氛围，通过知识创造主体和技术创新主体间的深入合作和资源整合，形成以大学、企业、研究机构为核心要素，以政府、金融机构、中介组织、创新平台、非营利性组织等为辅助要素的多元主体协同互动的网络式创新生态系统。建议杭州围绕国家科学中心建设，着力构建"产学研用金、才政介美云"十联动的创新创业生态系统。加快推进科技企业孵化器、众创空间等平台载体建设，完善低成本、便利化、全要素、开放式的公共服务体系，办好创新创业大赛等品牌活动，形成创新创业新热潮。

第七章 培育新型研发机构

国内新型研发机构起步于20世纪末,但关于什么是新型研发机构,我国很长时间内都没有统一的界定。2016年发布的《国家创新驱动发展战略纲要》《"十三五"国家科技创新规划》等政策文件均提出要发展新型研发机构,新型研发机构正式成为国家创新体系的一员。

一、兄弟省市支持新型研发机构发展的政策

2019年9月12日,科技部印发《关于促进新型研发机构发展的指导意见》,首次对新型研发机构进行了统一定义:新型研发机构是聚焦科技创新需求,主要从事科学研究、技术创新和研发服务,投资主体多元化、管理制度现代化、运行机制市场化、用人机制灵活的独立法人机构。在此前后,北京、上海、重庆、广东、江苏、陕西、福建、河南等省市均出台了相关政策,积极培育和发展新型研发机构。尤其是福建、河南等省,以省政府或办公厅文的形式出台了支持新型研发机构发展的政策文件。

在新型研发机构的建设中,应积极发挥政府的作用。从产业共性和关键技术角度看,新型研发机构承担了政府政策工具的职能。政府在新型研发机构的方向把握、经费投入、重大政策配套等方面发挥着不可替代的作用。在发展初期,政府推动是新型研发机构成功发展的重要保证,政府应加大指导和引导的力度,适度监控新型研发机构的总体运行方案和过程。在发展中后期,新型研发机构必须独立运行,具备相对独立的人、财、物支配权和决策权。目前,兄弟省市支持新型研发机构发展的政策举措可以概括为以下几个方面。

第七章　培育新型研发机构

（一）明确新型研发机构的定义及其功能，开展新型研发机构认定工作

新型研发机构因为其机制创新性，打开了加速产学研成果转化的一扇窗。但由于新型研发机构不同于以往传统的科研院所，是"不完全像大学、不完全像科研院所、不完全像企业，还不完全像事业单位"的"四不像"单位，因此，在各省市新型研发机构的扶持政策中，首先对新型研发机构的概念进行了界定，明确了其功能及必须具备的条件。

广东省于2015年发布《关于支持新型研发机构发展的试行办法》（粤科产学研字〔2015〕69号），将新型研发机构定义为："投资主体多元化、建设模式国际化、运行机制市场化、管理制度现代化，创新创业与孵化育成相结合，产学研紧密结合的独立法人组织。"新型研发机构须自主经营、独立核算、面向市场，在科技研发与成果转化、创新创业与孵化育成、人才培养与团队引进等方面特色鲜明，其主要功能包括科技研发、科技成果转化、科技企业孵化育成，以及高端人才集聚和培养。

上海市《关于促进新型研发机构创新发展的若干规定（试行）》（沪科规〔2019〕3号）认为，新型研发机构是有别于传统科研事业单位，具备灵活开放的体制机制、运行机制高效、管理制度健全、用人机制灵活的独立法人机构，包括科技类社会组织、研发服务类企业、实行新型运行机制的科研事业单位。一般至少应具备以下功能之一：①开展基础与应用基础研究；②开展产业共性技术研发与服务；③开展科技成果转化与科技企业孵化服务。

上海、广东、江苏、福建、陕西、河南等省市均已经开展新型研发机构认定工作，并对认定的机构给予一定的政策支持。例如，上海市对于经认定的从事战略性、前瞻性、颠覆性、交叉性领域研究的战略科技力量，按"一所（院）一策"原则予以支持：①属于事业单位性质的机构，不定行政级别，实行编制动态调整，不受岗位设置和

工资总额限制，实行综合预算管理，给予研究机构长期、稳定、持续的支持，赋予研究机构充分的自主权；②对于社会力量兴办的机构，通过定向委托、择优委托等形式，予以财政支持。

（二）加大财政支持力度，培育和建设新型研发机构

广东省科技厅设立了每年1.5亿元的专项资金，对于创办不超过5年（以注册时间为准）的新型研发机构，择优给予一次性500万元的建设经费支持。同时，还从新购科研仪器设备补助、上年研发经费支出补助、创办企业补助等方面对新型研发机构给予资金支持。广东的多个省辖市也设立了专项资金。例如，广州市每年安排不少于2亿元的经费用于新型研发机构建设；珠海市设立3年10亿元的专项资金扶持新型研发机构；中山市设立了与省级财政支持相配套的专项资金；惠州市规定凡获批省级新型研发机构的，市财政给予100万元奖励；东莞市近年来在新型研发机构建设方面的财政协议投入超过45亿元（截至2019年已到位20多亿元），同时投入27亿元在松山湖高新区建设大学创新城，已建成新型研发机构的集聚地。

2016年江苏省政府推出科技创新"四十条政策"，为落实其中有关新型研发机构的政策，从2017年开始，江苏省在创新能力建设计划项目中单独列出重大新型研发机构建设项目。该项目规定，省拨资助经费将依据机构的建设规模、引入核心技术和核心研发团队的创新水平等，择优给予分期分档支持，原则上不超过新增经费的10%（最高不超过1亿元）。同时设立新型研发机构奖补项目，支持新型研发机构开展研发创新活动，具备独立法人条件的，按照其上年度非财政经费支持的研发经费支出额度给予不超过20%的奖励（单个机构奖励不超过1000万元）。截至2018年，江苏省经省科技厅认定，省人民政府批准备案的新型研发机构有346家，成为服务和支撑区域创新发展的一支重要力量。

此外，《陕西省科技厅支持校企合作共建新型研发平台工作指引》明确，支持企业依托高校优势学科在校园建立新型研发平台，对经认

定的研发平台按20%的比例，给予最高不超过2000万元的经费支持。福建省《关于鼓励社会资本建设和发展新型研发机构若干措施的通知》明确，省和设区市财政对初创期新型研发机构每年度按非财政资金购入科研仪器、设备和软件购置经费25%的比例，给予最高不超过500万元的后补助。对于评价命名时已过初创期的新型研发机构，按照竞争择优原则，省和设区市财政对发展效益较好的研发机构，按近5年非财政资金购入科研仪器、设备和软件购置经费25%的比例，一次性给予最高不超过1000万元的后补助。

（三）落实税费优惠政策，扶持新型研发机构

一是新型研发机构建设期的相关税费优惠。广东省《关于支持新型研发机构发展的试行办法》明确，对新型研发机构的科研建设发展项目，可依法优先安排建设用地，省市有关部门优先审批。符合国家和省有关规定的非营利性科研机构自用的房产、土地，免征房产税、城镇土地使用税。按照房产税、城镇土地使用税条例、细则及相关规定，属于省政府重点扶持且纳税确有困难的新型研发机构，可向主管税务机关申请，经批准，可酌情给予减税或免税照顾。省政府重点扶持的新型研发机构的名单由省科技厅报省政府确定后，在每年9月底前提供给省级地税行政部门。

二是企业所得税优惠。《重庆市新型研发机构培育引进实施办法》明确，符合相关规定的独立企业法人性质新型研发机构，可连续3年按企业所得税地方留成部分50%的额度作为研发专项资金补助，每年总金额不超过300万元。同时，可以享受研发费用加计扣除政策。

三是研发设备的税收优惠。重庆市规定，符合相关条件的新型研发机构新购进并专门用于研发活动的仪器、设备，单位价值不超过100万元的，允许一次性计入当期成本费用，在计算应纳税所得额时扣除，不再分年度计算折旧；单位价值超过100万元的，可缩短折旧年限或采取加速折旧的方法，最低折旧年限不得低于企业所得税法实施条例的规定。进口科研仪器设备符合规定的，免征关税和进口环节

增值税。

（四）优先安排项目用地，保障新型研发机构用地需求

福建省规定，对新型研发机构建设发展项目用地，在年度用地计划指标中给予优先安排，及时审批。对为工业生产配套的新型研发机构项目用地，执行工业用地政策。

河南省要求各级自然资源部门为新型研发机构项目用地开辟"绿色通道"，采取提前介入、积极协调、主动服务、特事特办等方式给予优先保障。对新型研发机构建设用地，在年度用地计划指标中给予优先安排；符合《划拨用地目录》（国土资源部令第9号）的，可以划拨供应。积极采用先租后让、租让结合、弹性出让等方式向新型研发机构供应土地，对所需工业用地，符合新型产业用地条件的，享受新型产业用地政策。在符合控制性详细规划的前提下，新型研发机构确需建设配套相关设施的，可兼容科技服务设施及生活性服务设施，兼容设施建筑面积比例不得超过项目总建筑面积的20%，兼容用途的土地、房产不得分割转让，出让兼容用途的土地按主用途确定供应方式。原制造业企业、科研机构整体或部分转型为新型研发机构的，可继续享受按原用途和土地权利类型使用土地的过渡期政策。新型研发机构利用存量工业厂房的，可按原用途使用5年，5年过渡期满后，经评估认定符合条件的可再延续5年。

（五）强化人才激励措施，保障新型研发机构人才队伍建设

一是对新型研发机构引进人才的激励。福建省规定，新型研发机构每引进"国家人才计划"人才或入选省"海纳百川"高端人才聚集计划的，给予10万~300万元的补助；确认为省引进高层次人才（A、B、C三类）的，给予用人单位25万~200万元的安家补助，并纳入设区市或省直、中直单位引进高层次人才计划，给予相应的政策支持。聘任国际公认的三大世界大学最新排名均在前100名大学的博士毕业生的，一次性给予用人单位每人40万元的补助。

二是鼓励科研人员到新型研发机构工作。福建省规定，高校、科

研院所科研人员在征得所在单位同意后，可带项目和成果、保留基本待遇，离岗创办新型研发机构，或到新型研发机构工作。离岗创新创业期限以3年为一期，最多不超过两期。返回原单位时接续计算工龄，待遇和聘任岗位等级不降低。

三是对新型研发机构人才的激励。重庆市规定，对政府以财政资金"拨改投"方式参股设立的新型研发机构，可以将政府持股中部分份额，依照合同约定、项目完成情况和科技成果评价情况让渡奖励给做出重要贡献的人才（团队）。同时，在新型研发机构开展职称自主评定试点，对引进的海外高层次人才、博士后研究人员、特殊人才畅通直接认定"绿色通道"。广东省规定，新型研发机构科研人员参与职称评审与岗位考核时，发明专利转化应用情况可折算论文指标，技术转让成交额可折算纵向课题指标。

（六）建立鼓励创新、宽容失败的容错机制

新型研发机构作为新生事物，其建设工作均是摸索前行，建设发展中必然面临一些问题，因此建立健全激励创新、允许失误、尽职免责的容错机制尤为重要。河南省人民政府《关于印发河南省扶持新型研发机构发展若干政策的通知》（豫政〔2019〕25号）明确，有关单位和个人在新型研发机构建设中出现偏差失误，但未违反党纪法规，勤勉尽责、未谋私利并能够及时纠错改正的，视情况从轻、减轻或免于追究相关责任，从而营造宽容失败的良好创新创业氛围。

此外，在新型研发机构的研发项目申报、科技成果转化、政府采购首购、风险投资补助等方面，各省市也有相应的政策给予扶持。

二、加快浙江省新型研发机构建设的建议

近年来，浙江省在引进大院名校的工作中，也建设了加州国际纳米技术研究院等新型研发机构，尤其是以创建国家实验室为发展目标建设了之江实验室，显示了浙江省创建新型研发机构的大手笔。2020年7月，浙江省人民政府办公厅发布《关于加快建设高水平新型研

机构的若干意见》（浙政办发〔2020〕34号）。12月，浙江省科技厅确定北京航空航天大学杭州创新研究院等36家科研机构为省级新型研发机构。

但是，与上海、广东、江苏等兄弟省市相比较，浙江省推进新型研发机构建设的政策还缺乏系统性和综合性。因此，建议借鉴兄弟省市的经验，加快推进新型研发机构建设。

（一）加强组织领导，协同推进新型研发机构建设

新型研发机构建设是一项创新性和系统性都很强的工作，需要各地区、各有关部门统筹协调、协同联动。尤其是目前浙江省的新型研发机构发展还处于起始阶段，政府的支持十分关键。建议政府统筹各地、各部门，形成合力，做好新型研发机构建设和发展的顶层设计和整体布局，推动这项工作顺利开展。

一是加强政府各部门协同。参考广东等省市的经验，由科技部门牵头建立跨部门、跨领域的新型研发机构发展沟通机制，加强与发改、经信、财政、金融、教育等部门的沟通配合，在新型研发机构注册登记、投资建设、技术创新、技术服务和成果转化等方面提供及时的服务。二是推动上下联动。无论是在政策扶持，还是在资金投入方面，省、市要形成联合推动的局面。

（二）研究出台专项政策，扶持新型研发机构

虽然浙江省的一些综合性文件，如《浙江省人民政府关于全面加快科技创新 推动高质量发展的若干意见》《浙江省人民政府关于全面加强基础科学研究的实施意见》等规定了对新型研发机构的扶持政策，但比较分散，落实难度较大。建议参考广东、福建等省的经验，以省政府名义研究出台支持新型研发机构的专项政策或指导意见，统领全省新型研发机构的建设与发展。

针对新型研发机构建设面临的创新投入较大、人才引进较难和运行成本较高等问题，建议出台的专项政策或指导意见给予新型研发机构以下政策扶持，包括支持研发项目申报、优先安排项目用地、加大

财政资助力度、培养引进高层次人才、给予税费优惠、政府采购首购、给予风险投资补助、建设科技创新平台、促进成果转移转化、支持科研人员离岗创新创业、建立容错机制等。

(三) 加大财政投入，对新型研发机构给予分级分档支持

参照广东省做法，结合浙江省实际，建议加大财政资金投入，对新型研发机构给予分级分档支持。省科技厅主要支持重大新型研发机构，其他由地方科技部门支持。重大新型研发机构建议由省政府授牌，并按前期政府投入的一定比例给予重点支持。每年对新型研发机构运行绩效进行考核评价，根据考核评价结果，分档予以支持。

同时应继续鼓励杭州、宁波等有条件的地区加强政府与国际研发机构及中科院、双一流高校的战略合作，建立高水平、专业性、能够引领和支撑区域产业转型升级的新型研发机构。对此，建议省政府采取"一院一策、一事一议"的方式，给予重点支持。

(四) 强化对新型研发机构的考核评价，注重结果运用

学习福建、陕西等省经验，强化对新型研发机构的考核。突出高端人才及团队引进、发明专利等科技成果拥有量、技术转移服务、孵化育成企业数量及效益等指标，尽快建立新型研发机构考核评价指标体系，定期对新型研发机构建设工作成效进行考核评价。注重考核结果的运用，对于测评合格的给予绩效奖励，对于测评不合格的限期整改。如仍不合格，取消"省级新型研发机构"资格，不再享受相应的扶持政策。

三、案例：之江实验室

浙江省提出建设之江实验室、良渚实验室、西湖实验室、湖畔实验室等4个实验室，从创新源头出发，集中力量加快建设高水平创新型省份。

"浙江省实验室"是一个全新的、以国家战略和浙江需求为导向而构建的实验室体系。围绕当前浙江大力推进的"互联网+"、生命

健康和新材料三大科创高地建设，首批实验室布局十分明晰：之江实验室和湖畔实验室聚焦"互联网+"科创高地建设，良渚实验室和西湖实验室聚焦生命健康科创高地建设。每家实验室平均总投资达5年100亿元。

之江实验室成立于2017年9月6日，坐落于杭州城西科创大走廊核心地带，是浙江省委省政府深入实施创新驱动发展战略、探索新型举国体制浙江路径的重要平台。之江实验室是由浙江省政府、浙江大学、阿里巴巴集团采用混合所有制共同组建的新型研发机构，定位为打造"智能科学与技术领域全国领先的创新中心"。

之江实验室以重大科技任务攻关和大型科技基础设施建设为主线，围绕智能感知、智能网络、智能计算、智能系统四大研究方向，开展前沿基础研究、关键技术攻关和核心系统研发，打造世界领先的基础研究和技术创新中心，全面支撑国家安全、数字经济和社会治理等重大战略领域的发展。截至2020年，之江实验室已形成三个研究院和一个交叉研究中心，人员规模已超1800人，拥有11位内外院士、80余位学术带头人。

（一）组织架构

之江实验室按照"一体、两核、多点"的架构组建。一体，即其为具有独立法人资格、实体化运行的混合所有制单位；两核，即依托浙江大学、阿里巴巴集团，聚焦人工智能和网络信息两大领域，开展重大前沿基础研究和关键技术攻关；多点，即吸纳国内外在人工智能和网络信息领域具有优势的科研力量，集聚创新资源。

（二）运行机制

之江实验室创造性地建立了"高原造峰"的协同攻关机制。实验室大力推进的"先进工业互联网安全平台"项目，由邬江兴和孙优贤两位院士牵头，联合了国内10家优势科研单位的力量，较短时间内成功研制出内生安全文件存储系统、内生安全云管平台等多款核心装备。在项目实施上，之江实验室采取"大兵团作战"方式，突破学科界限，按需组织顶尖科研力量协同攻关。之江实验室智能机器人研究中心集聚了近100名全职科研人员，根据项目需要，灵活组合形成了多个科研项目团队，开展深海机器人、双足机器人、智能低空载人飞行器、智能机器人云控平台等研究。

之江实验室坚持"一切围绕科研，全力服务科研"，实施"摘星工程"，全力推动科研体制机制创新，积极探索新型举国体制的浙江路径，主动融入全球创新网络，携手剑桥大学、东京大学等国际知名高校开展科研攻关，深度参与全球首个人工智能伦理问题建议书编制，与7家国内优势科研单位共建联合研究中心。

（三）科研方向

之江实验室坚持以国家重大战略为牵引，高标准谋划科研布局和装置平台建设，实施"1481创新工程"，截至2020年，获批承担国家级科研项目48项、省级项目35项，进一步拓展了服务国家战略和地方发展的深度和广度。之江实验室聚焦人工智能和网络信息两大领域，重点在智能感知、智能计算、智能网络和智能系统四大方向开展基础性、前沿性技术研究，以全球视野谋划和推动创新。

智能感知：面向智慧社会对物理空间和社会空间自主感知的重大需求，全面研究智能感知的机理和方法，突破高性能高分辨传感器件和芯片、极限精密测量、类人智能感知、泛在智能健康感知、超高灵敏环境感知、多维数据智能融合处理等关键技术，研制先进的智能感知系统，打造完整的智能感知理论和技术体系。

智能计算：面向未来智慧社会对计算形态、计算软硬件、计算智能化的变革性需求，研究知识表达和认知计算、可解释可泛化机器学习等理论和方法，突破新型计算体系结构、新型计算软硬件、广域协同计算、大数据智能计算、多模态智能与交互、人机物融合智能等关键科学与技术问题，研发先进算法、核心芯片、软件平台与硬件系统，以创新计算模式，提高计算效能，提升智能水平。

智能网络：面向人机物三元空间融合对泛在高速互联与实时传输

的重大需求，研究并突破光电融合的高速互联、超高速光与无线传输、全维可定义确定性网络等关键科学与技术问题，创新研发相关器件、芯片与系统，构建片上互联、集群互联、车路协同、工业互联网、全息通信等示范与验证平台，推进相关技术的标准化。

智能系统：面向社会治理、数字经济等重大战略需求，全面攻克自主无人系统、信息物理融合、医疗健康和社会治理、金融科技等各类典型智能系统的关键技术和工程实现方法，研发智能系统共性关键技术与应用平台，打造广域协同、普惠泛在、随需接入的高效能智能系统，支撑智慧时代新型数字基础设施建设和战略性新兴产业发展。

近年来，之江实验室聚焦关键核心技术，加强原始创新，取得了一批重大科技成果：16 个重大项目取得突破性进展；成功研制出全球神经元规模最大的类脑计算机；开源上线完全具有自主知识产权的之江天枢人工智能开源平台；太赫兹通信系统达到全球领先技术指标；截至 2020 年发表高水平论文 115 篇，实现 *Nature* 论文的连续突破；主导立项国际标准 2 项，国家标准 1 项。

第八章　提升企业创新能力

浙江省民营企业众多，其技术创新能力也较高。近年来，以高校系、阿里系、海归系、浙商系等为代表的"新四军"蓬勃发展，并且涌现出了阿里巴巴、海康威视、贝达药业等龙头企业。如何更多地培育科技企业，提升企业创新能力，是高水平创新型省份建设的关键。

一、科技企业"双倍增"行动计划

浙江省委省政府高度重视科技企业培育。2016年，省政府办公厅印发《浙江省科技创新"十三五"规划》（浙政办发〔2016〕83号）。同年，浙江省科技体制改革和创新体系建设领导小组印发《浙江省科技企业"双倍增"行动计划（2016—2020年）》（浙科改〔2016〕2号），提出"到2020年，全省高新技术企业和科技型中小微企业数量分别达到1.5万家和5万家"的发展目标。截至2019年，浙江省高新技术企业达16316家，科技型中小企业达53519家，提前1年完成"双倍增"行动计划目标。2020年12月24日，浙江省人民政府办公厅发布《关于印发浙江省科技企业"双倍增"行动计划（2021—2025年）的通知》（浙政办发〔2021〕1号）。根据该行动计划，2021—2025年浙江省实现科技企业"双倍增"的重点有以下几个方面。

（一）加大科技企业梯次培育力度

1. 千方百计培育科技型中小企业

滚动实施小微企业三年成长计划，加快实施传统制造业改造提升行动。鼓励科技人员领办创办科技型中小企业，促进一批科技型小微企业上规升级，每年推动一批传统制造业企业成长为科技型中小企业。

2. 量质并举培育高新技术企业

建立科技企业全生命周期培育体系，引导各地每年梳理一批创新基础好、有发展潜力的高成长科技型中小企业，纳入高新技术企业培育后备库进行精心扶持，加快培育高新技术企业。把科技型中小企业作为"雏鹰行动"重点培育对象，每年培育50家"隐形冠军""单项冠军"高新技术企业。实行高新技术产业地方税收增量返还奖励政策，高新技术企业的企业所得税地方部分增收上交省级的当年增量部分，返还奖励给所在市县，可由当地统筹用于支持高新技术产业发展。

3. 凝心聚力壮大创新型领军企业

遴选100家高新技术骨干企业进行重点扶持，推动其成为具有全球竞争力和知名度的创新型领军企业。深入实施科创企业上市行动，推动优质高新技术企业上市融资，有条件的市县可给予适当奖励。把高新技术企业作为"雄鹰行动"重要培育对象，培育5~8家数字经济千亿级企业和一批生命健康、新材料领域的创新型领军企业。

（二）优化企业创新平台布局

1. 支持企业参与基础研究平台建设

支持高新技术骨干企业布局建设省级新型研发机构、省重点实验室，争建国家重点实验室。鼓励行业龙头企业建设人工智能、集成电路、生物医药等引领性开源开放公共平台。支持创新型领军企业牵头或参与省实验室建设。到2025年，力争依托企业建设重点实验室、新型研发机构等基础研究平台50个以上。

2. 支持企业建设技术创新平台

依托高新技术企业建设研发中心、研究院等研发机构，推动企业研发机构提质扩面。支持创新型领军企业牵头建设技术创新中心，推动创新平台提能造峰。到 2025 年，新建省重点企业研究院 100 家、省企业研究院 1000 家。

3. 支持企业建设产业创新平台

支持重点产业集群和标志性产业链高新技术骨干企业，分行业跨区域打造省级和争建国家级制造业创新中心、产业创新中心、工程研究中心、企业技术中心等产业创新平台。到 2025 年，力争新建产业创新平台 50 个以上。

（三）提升企业自主创新能力

1. 加大企业研发投入

实施全社会研发投入提升专项行动，建立科技资源配置与研发投入实绩紧密挂钩机制，激发企业创新投入的内在动力。在全面执行企业研发费用税前加计扣除政策的基础上，鼓励有条件的市县对高新技术企业和科技型中小企业再按 25% 的研发费用税前加计扣除标准给予奖补。强化国有企业科技创新考核，提高关键核心技术研发费用视同利润的比例。

2. 提升技术创新能力

实施关键核心技术攻关工程，每年实施 300 项左右省级重大科技攻关项目，尽快解决一批影响产业链安全稳定的"卡脖子"问题，提高产业链自主可控能力。实施制造业首台套提升工程，每年推广应用一批科技企业自主研发的首台套装备、首批次材料、首版次软件等创新产品，新增 200 项浙江制造精品。开展对标达标提升活动，树立一批企业标准领跑者，主动参与国际标准、国家标准、行业标准制定，累计制定浙江制造标准 4000 项。

3. 提升产业协同能力

实施制造业产业基础再造和产业链提升工程，支持高新技术企业牵头实施一批产业链协同创新项目。支持高新技术骨干企业推进全球科技精准合作和产业链招商，加强国际合作，招引一批产业链补链强链项目。深化国家产教融合建设试点，支持高新技术企业完善产学研合作和成果转化机制，科研人员承担企业委托的创新研发、技术攻关所获取的劳务报酬不计入其所在事业单位绩效工资总额。

4. 扶持中小企业创新发展

鼓励高校、科研院所和区域行业创新平台以非营利方式向中小企业开放科研基础设施、大型科学仪器设备，降低中小企业创新成本。支持各类实验室、技术创新中心、制造业创新中心、产业创新中心等开展市场化技术创新服务，为中小企业提供按需定制的技术创新服务和整体解决方案，强化原创关键技术供给。优化省中小企业发展（竞争力提升工程）专项资金科技奖补绩效挂钩分配因素，市县应将中小微企业高质量培育发展方向的相关专项资金更多用于培育高新技术企业和科技型中小企业。

（四）发挥区域创新平台的集聚作用

1. 支持国家自主创新示范区引领科技企业集群发展

支持杭州、宁波温州国家自主创新示范区在财税扶持、知识产权保护、高端人才引进、科技金融结合、股权激励等政策创新方面先行先试，加大主攻产业的科技企业梯次培育和精准扶持力度，引领大中小企业协同创新融通发展，推动主导高新技术产业集聚发展。

2. 支持开发区培育壮大科技企业

实施高新区高质量发展行动计划，将科技企业培育作为高新区综合评价的重要内容，深入推进园区整合提升和"亩均论英雄"改革，使区内高新技术企业占全省总数的一半以上。支持杭州高新区建设世界一流高科技园区，培育一批"瞪羚企业""独角兽企业"和行业龙头企业。支持各类开发区实施浙商回归工程，招引重大项目和知名科技企业落地。加大用地支持力度，省级以上开发区、高新区工业用地总量保持在合理区间。

3. 支持科创平台孵化引育科技骨干企业

支持科创走廊、高新技术特色小镇等科创平台孵化培育一批高成长性科技企业。加快国家数字经济创新发展试验区、新一代人工智能创新发展试验区建设，招引培育一批未来产业硬科技企业。培育建设20个"万亩千亿"新产业平台，谋划引进一批标志性项目和高新技术骨干企业。

二、技术创新中心体系建设

技术创新中心体系由国家技术创新中心、省技术创新中心、省级企业研发机构组成。国家技术创新中心是国家战略科技力量，以突破制约我国产业安全的关键技术瓶颈为核心使命。浙江省的省技术创新中心是全省战略科技力量和国家技术创新中心的"预备队"，核心任务是组织开展重点产业链关键核心技术攻坚，推动产业基础高级化和提升产业链现代化水平。省级企业研发机构是企业设立的独立或非独立的具有自主研发能力的技术创新组织，主要任务是围绕企业发展开展技术创新，开发新技术、新产品、新工艺，提升企业核心竞争力和引领行业技术进步。2021年3月1日，浙江省人民政府办公厅发布《关于加强技术创新中心体系建设的实施意见》（浙政办发〔2021〕12号）。围绕技术创新中心体系建设，浙江省将重点开展以下几项工作。

（一）积极争创国家技术创新中心

国家技术创新中心包括综合类和领域类两类。浙江省争创国家技术创新中心的重点工作具体如下。

（1）争取布局综合类国家技术创新中心。围绕国家重大需求和长三角一体化发展战略，由省政府牵头，省市联动汇聚资源和统筹协调，指导推动有优势、有条件的科研力量参与，争取长三角综合类国家技术创新中心在浙江布点，打造具有全球影响力的技术创新中心。把国家战略部署与区域产业企业创新需求有机结合起来，开展跨区域、跨领域、跨学科协同创新与开放合作，促进创新要素流动、创新链条融通，为提升区域整体发展能力和协同创新能力，实施国家重大战略提供综合性、引领性支撑。

（2）培育建设领域类国家技术创新中心。面向关系国家长远发展、影响产业安全、参与全球竞争的细分关键技术领域，支持地方政府或有关部门联合科研优势突出的高校院所、创新型领军企业等，集聚整合科研力量和创新资源，带动上下游优势企业、高校院所等共同参与，谋划创建领域类国家技术创新中心。落实国家科技创新重大战略任务部署，加强关键核心技术攻关，为行业内企业特别是中小企业提供技术创新与成果转化服务，提升我国重点产业领域的创新能力与核心竞争力。优先支持符合条件的领域类国家技术创新中心成为长三角综合类国家技术创新中心的重要组成部分。支持符合相关定位和条件的在浙国家工程技术研究中心转建国家技术创新中心。支持符合条件的省技术创新中心、工程技术研究中心、新型研发机构等培育建设国家技术创新中心。

（二）高质量谋划建设省技术创新中心

围绕浙江省重大发展战略，面向关系全省长远发展、影响产业安全、参与国内外竞争的关键技术领域，聚焦数字安防、汽车及零部件、炼化一体化与新材料、智能制造等重点优势产业集群，集成电路、生物医药、现代纺织等标志性产业链，以及城市大脑、新能源、高端电子化学品、工业互联网等细分关键技术领域，由省级有关部门或设区市政府牵头，主要依托创新能力突出的企业和高校院所，整合产业链上下游有优势、有条件的创新资源，主动布局建设综合性或专业化的省技术创新中心，实现重点优势产业集群、标志性产业链和细分关键技术领域跨区域高水平的协同创新。省技术创新中心采用"强核心、多基地、网络化"的"1+N"组织架构，在创新战略规划、研究领域布局、攻关任务协同及制度建设、运营管理、资源配置等方面实行一体统筹，重点围绕产业"卡脖子"关键核心技术和抢占前沿技术制高点开展攻关，成为行业关键核心技术攻关、重大创新成果熟化产业化、科技型中小企业孵化培育、高层次人才集聚的国际一流科技创新平台，为围绕三大科创高地建设全球创新策源地，推动浙江省成为全球重要科技创新中心和全球先进制造业基地提供坚强支撑。优先在国家自主创新示范区、科创走廊、国家和省级高新区、"万亩千亿"新产业平台等布局建设省技术创新中心。

(三)完善提升省级企业研发机构

浙江省的省级企业研发机构包括省重点企业研究院、省企业研究院、省高新技术企业研发中心三类。

1. 优化布局省重点企业研究院

面向专精特尖、"隐形冠军"、"单项冠军"等细分优势行业的创新型骨干企业,以提升产业链韧性和附加值为目标,深化省重点企业研究院建设,研发一批具有核心自主知识产权的技术和产品,打造在产业链重要环节的专业化单点技术创新优势,增强企业的产业链话语权。优化提升一批省重点企业研究院,对绩效评价优秀的加大稳定支持力度,对考核评估不合格的予以调整或淘汰。谋划新建一批省重点企业研究院,围绕三大科创高地的细分领域以及标志性产业链的关键环节优先布局。

2. 加快建设省企业研究院

以集聚整合创新要素、组织开展科技创新、支撑企业持续发展和引领行业技术进步为目标,加快布局建设省企业研究院。鼓励企业自建或与高校院所联合组建省企业研究院,加强企业内外部创新资源有机整合,推动企业由模仿、跟踪创新向自主创新转变,不断增强企业的自主创新能力和核心竞争力,在科技攻关、人才培养、机构建设、制度完善和机制创新等方面形成行业引领、示范和带动作用。另外,实行省企业研究院认定"准入制"。

3. 培育壮大省高新技术企业研发中心

鼓励各地围绕战略性新兴产业培育和传统产业转型升级,以推动企业技术进步和成果转化为目标,加快布局建设省高新技术企业研发中心,研究开发具有广阔市场前景和自主知识产权的新技术、新工艺、新产品,培养高水平的研发人员和工程技术人员,增强企业竞争力。提高省高新技术企业研发中心覆盖率，实行省高新技术企业研发中心认定"备案制"，认定管理权限下放至各设区市，认定结果报省科技厅备案。

三、案例：阿里巴巴集团

阿里巴巴集团作为首批企业双创示范基地中唯一的互联网企业，充分发挥互联网、数字经济对创业创新巨大的孕育孵化与内生动力作用，以"科技"和"商业"双生态驱动，构建起互联网企业双创大平台，探索形成了独具特色的"双生态驱动"的"大平台、多模式、富生态"双创新模式。

阿里巴巴集团将阿里云、菜鸟网络、钉钉和村淘等作为双创的平台和载体，做好双创工作。阿里巴巴集团在推进企业创业创新方面的一些做法值得推广。

（一）以"1+4+N"为赋能体系，大力推进对双创企业的赋能

阿里巴巴集团整合输出杭州云栖小镇、阿里巴巴创新中心、阿里云创新中心等基地，在全国重要城市或热点双创区域布局阿里巴巴创新中心（双创基地）。以"1+4+N"为赋能体系，大力推进对双创企业的赋能。"1"是指一个双SaaS平台，"4"是指聚集阿里巴巴生态的四大类赋能渠道，N是指多种多样的创业行业（见图8-1）。通过线上线下集成的模式覆盖全国主要科技与创业活跃区域的科技创业企业，帮助地方产业园区改造提升为科技创新中心，打造一批以人工智能、物联网、智能制造、新金融、文化创意、数字娱乐、企业SaaS服务等为主题方向的创业示范区，构建以阿里巴巴集团为中心、引领广大中小微科技型企业和创业团队协同创新的大生态。截至2020年，阿里巴巴创新中心已在全国25座城市建设52个孵化基地，入驻创新创业企业超过1000家，累计孵化企业超过3万家，提供超过8000万个免费云资源扶持及其他资源对接，累计培养科技人才45万人，为

超过8000家创业企业提供免费云资源扶持,通过平台为创业企业融资超过10亿元。

N个深度主题	智能硬件　新零售	大数据安全　数字娱乐AR/VR	共享内容　智能出行	无人酒店　Saas化企业服务
4大赋能资源	AI开放平台 智能生活开放平台 108种行业解决方案 云市场 数加大数据平台 阿里云基础服务	训练营 Tech insight TechDay 阿里云大学-科技创业 淘宝大学-电商创业 创业大学	批发 1688.Alibaba.com 跨境出海-AE 天猫 潮电街 极有家 淘宝众筹	阿里双创峰会 阿里创投 创投联盟 云栖大会 高德地图 钉钉-移动办公平台 大文娱 菜鸟物流 支付入口&信用体系
	科技赋能	人才赋能	渠道赋能	生态赋能
1个平台	线上平台:一个双SaaS线上平台 线下基地:1+100	连接	创业者	阿里双创资源

图8-1　阿里巴巴集团"1+4+N"赋能体系

(二)依托淘宝电子商务平台,着力推动实施农村淘宝培育工程

依托淘宝电子商务平台,实施"千县万村"项目计划,在农村普及电商,突破信息、物流瓶颈,吸引人才返乡创业,培养农村电商带头人和农村淘宝村小二,建设县域青年电商创业孵化中心等。截至2019年,农村淘宝已在全国29个省(区、市)落地,县级服务中心开业近700个,覆盖3万余个村,培养农村淘宝村小二和淘帮手6万余名,为农民工返乡创业和精准扶贫探索了一条新路径。

(三)依托菜鸟网络平台,着力开展菜鸟校园驿站项目

阿里巴巴集团以菜鸟网络为平台,加快推广菜鸟校园驿站,搭建校园智慧物流和创业孵化平台。截至2019年,已建设菜鸟校园驿站3000余个,与100余所高校达成校企战略合作,共建双创联盟基地,菜鸟校园驿站日均处理包裹量达到200万件,全年服务2400万师生用户。联合高校和品牌企业共同搭建企业创新孵化基地,已帮助1万多个高校大学生创业团队发展,提供了10万余个勤工助学机会。在

各菜鸟校园驿站开展菜鸟回箱计划，引导和鼓励高校师生在参与绿色物流、包装回收等志愿服务的同时，在绿色包装、绿色配送等领域开展技术和模式创新，并携手中华环境保护基金会、地方政府和主流快递公司，开展绿色物流城市建设，创造新的创业创新空间。

（四）依托钉钉移动办公平台，着力打造企业办公沟通协同平台

针对初创型企业在移动互联网时代对办公信息化的突出诉求，打造钉钉移动办公沟通协同多端平台，供众多创业企业免费试用，使其以较低的成本跨入高效的移动办公时代。截至2019年，钉钉已免费服务超过500万家企业和组织，一家100人规模的中小企业使用钉钉全年可以节约信息、办公成本70万元。同时投入10亿元基金支持平台应用开发者，已有超过100家应用开发创业企业的产品进驻钉钉应用中心，超过3万名开发者入驻钉钉开放平台，为80个细分行业、90万家企业提供定制化、专业化应用产品。

（五）依托集团完善的生态系统，着力培养"云创人才"

为营造更好的双创环境，阿里巴巴集团聚焦云计算、大数据、人工智能等热点双创领域，开展了大量人才培养工作。阿里云大学面向各层次的人才提供培训服务。2017年，开设"云栖学堂"，面向地方政府和产业主管部门领导，以及企业CXO开展培训，介绍产业和科技发展趋势，传播"云上创新"理念，分享"云上创新"案例，截至2017年上半年，培训人数超过千人。阿里云大学开展O2O的技术人才培训、认证服务，每年线上、线下培训人数超过30万人。此外，阿里云大学与国内过百所高校合作，联合培养云计算和大数据人才。云栖创业大学通过"风投面对面""云栖TechDay"等活动服务创业者。"云栖TechDay"每年举办超过50场，线下培训人数超过万人。

第九章 打造三大创新高地

《浙江省国民经济和社会发展第十四个五年规划和二〇三五年远景目标纲要》提出，"十四五"时期要基本建成国际一流的"互联网+"科创高地，初步建成国际一流的生命健康科创高地、新材料科创高地。为实现这一目标，需要在科技创新的基础上，加大创新链与产业链的融合，提升三大产业的国际竞争力。

一、打造"互联网+"科创高地

2003年1月，在浙江省十届人大一次会议上，时任省委书记习近平同志以极具前瞻性的战略眼光提出建设"数字浙江"："数字浙江是全面推进我省国民经济和社会信息化、以信息化带动工业化的基础性工程。"[①] 多年来，浙江省坚持不懈地抓数字经济发展，勇当数字经济先行者，获批创建首个国家信息经济示范区，并成为"两化"深度融合国家示范区和全国数字经济发展的先行区。此外，首个中国跨境电子商务综合试验区也花落浙江。2017年，省委经济工作会议明确提出要实施数字经济"一号工程"，打造信息经济升级版，随后，制定出台《浙江省国家数字经济创新发展试验区建设工作方案》和《浙江省数字经济发展五年倍增计划》。在前期实践的基础上，打造"互联网+"高地的着力点有以下几个方面。

（一）大力推进数字技术创新突破

（1）实施数字技术强基工程。推进之江实验室、阿里达摩院、西湖大学、浙江清华长三角研究院、北京航空航天大学杭州创新研究院

---

① 浙里改.数字化改革开启浙江改革新征程[N].浙江日报，2020-12-21.

等建设。支持之江实验室争创国家实验室,支持中电海康集团创建自旋电子器件与集成系统国家重点实验室,支持阿里巴巴集团和杭州市创建国家数据智能技术创新中心。支持浙江大学、之江实验室谋划建设工业互联网安全、量子精密测量与观测等大科学装置。

(2)实施数字技术攻关工程。实施"领雁计划",在专用芯片、开源芯片、人工智能、区块链、大数据、云计算、网络通信、量子计算、先进制造与智能装备等领域重点突破核心关键技术。实施"尖兵计划",在数字安防、智能网联车、工业机器人、工业互联网、精密加工机床、柔性显示等领域实现"卡脖子"技术的重大突破。

(3)实施数字技术协同创新工程。实施长三角关键核心技术协同攻关项目,三省一市共同争取国家2030年重大战略项目和国家科技重大专项。推进杭州、德清国家新一代人工智能创新发展试验区建设。加快省级数字经济领域特色小镇、"万亩千亿"新产业平台等建设。

(二)加快建设国家数字经济创新发展试验区

探索构建数字经济新型生产关系,加快政府数字化转型,创新数字经济多元协同治理体系,助力长三角一体化发展。

(1)做强数字化新兴产业。打造全国领先的大数据产业中心,抓好14家大数据省级重点企业研究院建设,培育一批数据服务型企业。建设全球知名的云计算产业中心。打造1家具有国际领先水平的公共云计算平台,培育发展一批云计算重点骨干企业。深化企业上云,累计上云企业达40万家。

(2)壮大数字化基础产业。着力发展集成电路产业,推进杭州、宁波等省级集成电路产业基地和杭州"芯火"双创基地(平台)建设。推动长电科技(绍兴)先进芯片封装测试、中欣晶圆大硅片、金瑞泓12英寸晶圆片生产线等重大项目建设,推动中电海康MRAM项目量产线、矽力杰12英寸模拟芯片等项目启动建设。加快杭州市国际级软件名城建设,推进宁波市中国特色软件名城创建,大力发展平台即服务（PaaS）和软件即服务（SaaS）模式。支持杭州、宁波等地与华为公司共建服务器生产基地，推动鲲鹏生态体系建设。

（3）推动制造业数字化转型。深化"1+N"工业互联网平台体系建设，推进阿里云 supET 工业互联网创新中心建设，加快推进长三角工业互联网一体化发展示范区建设，建设 100 个行业级、区域级、企业级省级工业互联网平台。组织开展 5000 项智能化技术改造项目，推广应用工业机器人，累计在役工业机器人突破 10 万台。探索"未来工厂"建设标准和路径，加快企业数字化、网络化、智能化转型。

（4）推进智慧农业发展。加快建设浙江乡村智慧网，完善全省农业农村大数据中心，打造农业农村统一数据资源目录，健全数字乡村应用支撑体系。加快智慧园艺、智慧畜禽、智慧水产、智慧田管建设，创建 100 个数字农业工厂。深入实施"互联网+"农产品出村进城工程，发展农产品加工物流、快递、冷链仓储等基础设施，建立区域性电子商务公共服务平台，发展农产品电商，深化农业休闲观光旅游网络推广。

（5）推动新型贸易中心建设。加快建设中国（浙江）国际贸易"单一窗口"，推进浙江数字口岸一体化及"单一窗口"数据协同，做好船舶通关一体化试点，在舟山、宁波、张家港实现国际航行船舶转港数据复用。深化杭州、宁波、义乌跨境电商综试区建设，制定实施温州、绍兴跨境电商综试区实施方案。支持省内 eWTP 试点建设。

（6）建设新兴金融中心。推动世界银行全球数字金融中心建设。推动浙江省金融科技应用试点，支持嘉兴申报科技金融改革创新国家试点，全面推进全省 33 个试点项目建设。推进"移动支付之省"建设，探索制定移动支付之省建设评价指标体系。推动银行、保险、证券机构数字化转型，完成省、市、县三级银行机构信贷业务流程全覆盖，实现与公共信用信息、"亩均论英雄"、区块链电子票据等平台对接。

（7）发展数字文旅产业。建设"浙里好玩"平台，完善主题

"一卡通",开展线上文旅消费季活动,探索"信用游"浙江。制定《浙江省关于加快推动文化和科技深度融合发展的实施意见》。指导提升横店影视文化产业集聚区、宁波象山影视城数字化水平,构建全国领先的高科技影视后期制作中心和数字网络中心。开展新一批"文化+互联网"创新企业遴选活动。①

(三)加快构建数字社会建设样板省

由于"互联网+"应用广泛,因此在加快构建数字社会建设样板省方面,浙江也大有可为。

(1)加快建设智慧城市。加强杭州、宁波、嘉兴等地在城市大脑、新型智慧城市建设领域的理论研究与创新应用,推进湖州、衢州、德清城市大脑示范试点建设。推动城市大脑在交通、平安、城管、市政公用、环保、文旅等领域的综合应用,形成一批新型智慧城市应用新标杆。推动全省未来社区建设,构建未来社区智慧服务平台。

(2)发展数字医疗。建成全省医疗保障系统核心业务骨干网络、医疗保障专属行业云,实现全省统一的医疗保障核心业务平台在试点地区上线运行。推动实现浙、苏、皖全省域异地就医门诊费用直接结算。升级优化全省医保移动支付平台,加快医保电子凭证的应用与推广。升级完善省、市、县三级全民健康信息平台,推进健康专有云建设。推动互联网医院向基层延伸,完善互联网诊疗服务的医保政策,实现健康医保卡在线医保结算功能,建立全流程线上服务模式。在省市级医院和部分有条件的医共体,率先开展医学人工智能创新应用。

(3)全面打造数字交通。持续推进智慧高速云控平台建设,推出省智慧高速云控1.0版,深化"浙里畅行"出行一站式服务应用开发,实现公众出行城市"一张图"覆盖全省主要城市。深入推进宁波舟山港智慧港口建设。推动沪杭甬高速智慧化改造,重点应用高清地

---

①浙江省深化数字浙江建设领导小组办公室.深化数字浙江建设2020年工作要点[Z/OL].浙省人民政府网,2020-05-19.

图和高精度定位技术、布局 5G 通信网络、推广使用绿色能源等。全面建设杭州绕城西复线智慧公路。

（4）全域推行数字文体。承办中国短视频大会和网络视频大赛。探索省、市、县三级广电媒体融合协作新模式，推动全省广播电视媒体融合发展创新中心建设。建设全民健身地图 2.0 版。整合公共体育设施及具备条件的商业健身资源，实现 80% 以上符合条件的体育场地设施接入预约支付功能。实施体育场馆智能化改造，提升体育场馆智慧化管理水平。

（5）全面发展数字教育。启动之江汇教育广场 2.0 建设，建设新型教学空间 1000 个，开设网络同步课程 500 门，新增共享微课资源 1000 个。开展"互联网+义务教育"实验区建设。实施全省中小学教师信息技术应用能力工程 2.0，开展名师网络工作室、特色网络教学空间等项目建设，持续开展名师直播活动、针对性地帮扶乡村学校送教活动和伴随式评课指导。推动省域在线开放课程共享应用，推进省内高校开展在线开放课程的跨校学分认定和转换。

（6）建设养老数字化平台。发展"互联网+养老"，加快建设"浙里养"平台。

（四）形成具有全球竞争力的标志性产业链

（1）数字安防产业链。突破图像传感器、中控设备等关键零部件技术，补齐芯片、智能算法等技术短板，加快人工智能、虚拟/增强现实等技术融合应用，打造全球数字安防产业中心。形成以杭州为核心，宁波、温州、嘉兴、绍兴等地协同发展的产业布局。到 2025 年，数字安防产业链年产值达到 4000 亿元。

（2）集成电路产业链。突破第三代半导体芯片、专用设计软件（电子设计自动化工具等）、专用设备与材料等技术，前瞻布局毫米波芯片、太赫兹芯片、云端一体芯片，打造国内重要的集成电路产业基地。形成以杭州、宁波、绍兴为核心，湖州、嘉兴、金华、衢州等地协同发展的产业布局。到 2025 年，集成电路产业链年产值突破 2500

亿元。

（3）网络通信产业链。补齐通信芯片、关键射频器件、高端光器件等领域技术短板，做强新型网络通信设备制造、系统集成服务，打造世界先进的网络通信产业集聚区、创新应用引领区。形成以杭州、嘉兴为核心，宁波、湖州、绍兴、金华等地协同发展的产业布局。到2025年，网络通信产业链年产值达到4000亿元。

（4）智能计算产业链。做强芯片、存储设备、服务器等关键产品，补齐操作系统短板，推动高性能智能计算架构体系、智能算力等取得突破，构建智能计算产业生态。形成以杭州为核心，宁波、温州、湖州、嘉兴、金华等地协同发展的产业布局。到2025年，智能计算产业链年产值达到2000亿元。

（5）智能装备产业链。聚焦工业机器人、数控机床等重点领域，突破关键核心部件和系统等的断链断供技术，打造国内知名的智能装备产业高地。形成杭州、宁波、湖州、嘉兴、绍兴、台州、丽水等地协同发展的产业布局。到2025年，智能装备产业链年产值突破5000亿元。

（6）智能家居产业链。做强智能家电、智能照明、智能厨卫等领域关键技术产品，推进智能家居云平台建设应用，打造国内中高端智能家居产业基地。形成以杭州、宁波为核心，温州、湖州、嘉兴、金华、台州等地协同发展的产业布局。到2025年，智能家居产业链年产值达到5000亿元。

二、打造生命健康科创高地

近年来，浙江省始终坚持以科技创新为引领，牢牢把握全球生命健康科技和产业发展趋势，围绕打造生命健康科创高地的战略目标，持续深化改革，大胆探索创新，走出了一条具有浙江特色的生命健康科创发展道路。首先，注重发挥科技部门的主导作用，加快完善生命健康领域的科技创新体系，对实验室和临床医学研究中心建设运行体系进行系统性重构。2015—2020年新布局认定的实验室中，45%的省重点实验室、50%的省实验室、67%的国家重点实验室均在生命健康领域。3个国家临床医学研究中心落户浙江省，数量居全国第三。其次，聚焦生命健康产业，超常规构建产业集群。浙江省着力推进"万亩千亿"新产业平台建设，将杭州钱塘新区高端生物医药产业平台、绍兴滨海新区高端生物医药产业平台列为省"万亩千亿"新产业培育平台。以杭绍台金地区为重点，形成了一批生命健康产业集聚区，特别是杭州生物产业国家高新技术产业基地集中了全省医药领域80%的科研机构。同时，支持头部企业发展。近年来，通过对生命健康领域持续不断地给予政策支持，浙江省涌现出贝达药业、歌礼药业、华东医药、迪安诊断、阿里健康等一批行业优秀企业，以及数字医疗、移动医疗、智慧医疗等新业态、新模式。[1]

浙江省瞄准全球生命健康科技和产业发展趋势，聚焦产业链布局创新链，以推动创新药物和高端医疗器械源头创新、精准医疗全链创新、信息技术与生物技术加速融合创新为突破口，着力提升原始创新能力和关键技术控制力，为生命健康产业创新发展、高质量发展提供坚实支撑。

（一）加强核心技术攻关、产品研发和产业化

（1）强化前沿基础研究。围绕创新药物、精准医学、信息技术与生物技术融合等基础与交叉领域，组织实施重大基础研究项目，省财政予以重点支持，力争取得国际引领性原创成果突破。持续加大省自然科学基金投入，通过设立联合基金等形式，构建多方参与支持生命健康基础研究的机制。

（2）实施关键核心技术攻关。组织实施生命健康重大科技专项，围绕临床重大需求确定10个左右的主攻方向。滚动实施省重点研发计划，每年启动不少于50个项目，优先支持近期有望突破技术壁垒

---

[1] 曹新安. 打造生命健康科创高地的实践与思考[J]. 人民论坛, 2021 (3): 92-93.

或取得全球领先原创成果的项目。

（3）谋划引进重大引领性项目。面向全球招引一批填补国内空白的重大项目。加强与国家重大科技专项的对接合作，引进一批国家项目成果在浙江省落地转化。对企业从省外引进实施具有标志性意义的重大创新成果产业化项目，择优给予省重点研发计划立项支持。

（二）打造高能级创新平台

（1）加快培育应用基础研究平台。支持浙江大学高水平建设医学中心和长三角智能创新药物研究院。支持西湖大学加强前瞻性研究，建设世界领先的国家生物结构科学中心。支持温州医科大学聚焦近视防控和蛋白类药物创新，加快转化研究平台建设。支持浙江工业大学依托长三角绿色制药协同创新中心等国家级平台，开发一批国际独创的药物绿色制造新技术。支持之江实验室建设大装置和大平台，有效支撑数据驱动的医学研究与临床实践。

（2）积极打造临床研究创新平台。加快建设国家和省级临床医学研究中心，省财政按实际给予支持。加快国内一流高水平医院和重点学科临床服务能力建设，实施国家疑难病症诊治能力提升工程项目，打造长三角地区有影响力的国家区域医疗中心。

（3）做强做大产业技术研发平台。推动生命健康领域高新技术企业研发中心全覆盖，支持有条件的研发中心升级为省级（重点）企业研究院。引导和支持企业加强应用基础研究，主动系统布局一批省级重点实验室。

（4）健全完善公共创新服务平台。整合提升国家（浙江）新药安全评价研究中心和省新药创制、成药性评价等创新服务平台，完善开放协同的临床前研究支撑服务体系。推动中国（浙江）卫生健康科技研发与转化平台建成全国标杆平台。统筹全省临床试验机构资源，建设开放共享的临床资源在线交易平台。建设医学影像共享平台，加快实现全省范围内医学影像数据的互联互通。高水平建设生物健康产业创新服务综合体。

(5) 大力发展新型创新平台。支持中国科学院肿瘤与基础医学研究所打造国内领先、国际一流的肿瘤公共研究平台、临床实践平台和成果转化平台。支持中国工程科技发展战略浙江研究院聚焦生命健康领域，更好地发挥高端智库的作用。加快建设天津大学浙江化工研究院，在合成生物学、蛋白质纯化、药物结晶等领域提供有效技术支撑。推进中国科学院大学温州研究院和复旦大学温州生命科学创新中心建设国内领先的高端转化研究平台。加快将北京航空航天大学杭州创新研究院打造成为"医工信"（医学、工程学、信息学）交叉的创新平台和成果转化基地。支持中国科学院宁波材料所打造生物医学工程全链条创新平台。支持浙江清华长三角研究院建设南湖生命科学与大健康创新中心。

（三）优化生命健康产业区域布局

（1）支持杭州建设国际领先的生命健康产业集群。支持钱塘新区以杭州医药港为核心，打造新药研发与高端制造集聚区；推动杭州高新开发区（滨江）加快建设以智慧医疗为方向的生命健康产业园；支持良渚国际生命科技小镇对标国际一流做大做强；以杭州城西科创大走廊为基础，集聚名企名校资源，高水平建设生命健康科创园区。到2025年，将杭州建成具有全球影响力的千亿级生命健康创新之城。

（2）推动各地生命健康产业特色发展。宁波市大力打造生物医药产业发展大平台和高端医疗器械制造中心。温州市积极建设具有全国影响力的生命健康创新中心。湖州市重点建设南太湖生物医药产业园，协同推进长三角绿色制药协同创新中心产业技术研究园建设。绍兴市大力发展高端化学药品制剂、生物技术药物和高性能医疗器械，打造长三角地区生命健康综合型基地。台州市做精做深高端特色原料药，做优做强制剂产业，打造"中国绿色药都"和世界级高端医药制造中心。金华市、丽水市大力发展现代中药及天然药物、生物医学工程、生物制造等产业。到2025年，生物医药产业链年产值达到4000亿元。

（四）优化生命健康创新创业生态

（1）建设具有国际影响力的研发外包与服务中心。培育和发展各类生物医药研发服务机构，鼓励研发外包企业与国际标准全面接轨，打造药学研究、临床前安全性评价、临床研究、生产工艺开发及产业化、技术转让服务和咨询服务等全周期合同研发服务链。

（2）加大高层次人才引进培养力度。引进国际顶尖科学家主持重大科技项目，按照"一事一议"方式给予支持和精准服务。在省级重大人才工程计划中设立生命健康专项，持续增加各类人才工程计划生命健康领域人才入选比例。采用国际合作办学等形式培育具有前瞻性和国际影响力的跨学科创新研究团队。

（3）深化国内外创新合作。主动融入长三角科技创新圈，开展跨区域联合科技攻关和产学研创新合作，打造具有全球影响力的生命健康协同创新示范区。加快与国际顶尖联盟接轨，谋划引进一批国际合作载体。支持研究机构和企业"走出去"共建联合实验室，成效突出的优先建设国际科技合作基地。到2022年，与重点机构签订合作协议20个以上，联合开展重大研究项目30个以上，建成各类合作载体20家以上。

（4）强化生物技术与信息安全。加强对生物技术研究开发活动安全形势和前沿技术潜在风险态势的预判预警，依法落实安全管理措施。加强对生物信息数据的安全管控，严格执行网络安全和数据保密规定，健全生命健康大数据资源的安全存储、管理和应用体系。[①]

三、打造新材料科创高地

新材料产业是浙江省重点培育发展的战略性新兴产业和七大万亿元产业之一。"十三五"期间，浙江省新材料产业发展迅猛，出现一批优秀的新材料企业和技术领先产品，特别是磁性材料、氟硅新材

[①]浙江省人民政府办公厅.关于加快生命健康科技创新发展的实施意见（浙政办发〔2019〕65号）[Z/OL].浙江省人民政府网，2019-12-27.

料、高性能纤维等产业集聚优势突出，多个领域一直处于全国领先地位。

2019年4月，《浙江省加快新材料产业发展行动计划（2019—2022年）》提出，到2022年，浙江省新材料产业年产值突破1万亿元，比2018年增长53%以上，年均增长11.2%，产业规模稳居全国前四位。在大尺寸单晶硅片、超高纯金属溅射靶材、光学膜、钴新材料、稀土永磁材料、高纯电子化学材料等若干领域达到国内领先、国际先进水平。建成化工新材料、高性能纤维及复合材料、磁性材料、氟硅新材料和光学膜材料等若干具有全球竞争力的产业基地。

为加快发展新材料产业，推动制造业高质量发展，打造新材料科创高地，浙江省有以下几个着力点。

（一）构建新材料技术创新网络

以省新材料实验室、省新材料产业技术研究院和省级产业创新服务综合体为核心平台，构建覆盖"基础研究—应用基础研究—产业技术攻关—科技成果转化—公共服务"全链条的新材料技术创新网络。

（1）组建新材料科学与技术省实验室。对标国际一流实验室，瞄准炼化一体化与新材料等优势特色领域，由宁波市政府牵头，依托宁波大学、中科院材料所和优势企业等，整合全省乃至全球相关行业的高水平创新组织，组建省实验室，解决新材料领域的重大基础研究和产业技术攻关问题，并积极融入国家实验室布局，与之江实验室、西湖大学协同成为支撑浙江省三大科创高地建设的三座高峰。

（2）建立省新材料产业技术研究院。以宁波为主战场，整合当地新材料领域的产业技术研究院资源，充分发挥杭州、嘉兴、衢州等地新型研发机构的优势，采用"总院+分院"模式，建立省新材料产业技术研究院，开展产业共性技术攻关和科技成果转化，孵化一批高成长科技型企业，从整体上提升浙江省的产业技术水平和发展层次。采用项目经理制、科研合同制等灵活的管理和运行机制，探索建立"一院一园一基金"模式，促进"创新链—产业链—资本链"相通共融。

(3) 加快浙江大学杭州国际科创中心建设，重点谋划建设宽禁带半导体材料与器件、生物与分子智造两大平台。

(4) 高水平建设产业创新服务综合体。加快建设集创意设计、研究开发、技术中试、创业孵化等功能于一体的产业创新服务综合体，以KPI指标体系推动完善综合体运行机制和服务功能，着力打造一批具有浙江特色的新材料产业创新服务综合体标杆。

（二）加快世界级新材料产业集群建设[①]

加快推动浙江省新材料产业在科技创新、商业模式、产业生态等方面向高端化、智能化、绿色化、服务化发展，提升产业基础能力和产业链水平，打造世界级新材料产业集群。

(1) 增强企业技术创新能力。切实加强具有产业链控制能力和国际竞争力的龙头企业的培育力度，增强全球资源配置能力。支持龙头企业平台化转型，孵化培育一批高新技术企业。建立健全高成长企业、独角兽企业挖掘培育机制，在新材料领域培育一批新经济企业。聚焦大尺寸单晶硅片、超高纯金属溅射靶材、光学膜等优势领域，培育一批细分领域"单项冠军"和"隐形冠军"。鼓励企业联合高校院所共同实施一批重大科技攻关项目，加快取得一批国际一流的重大标志性成果和战略性产品，有效降低技术对外依存度，促进产业基础高级化。

(2) 培育具有国际竞争力的新材料产业集群。聚焦化工新材料、高性能纤维及复合材料、高端磁性材料、氟硅钴新材料、光电新材料等重点领域，打造一批空间上高度集聚、上下游紧密协同、供应链集约高效的具有全球竞争力的新材料产业集群。优化区域战略布局，引导相关地区依托区域优势合理配置产业链、创新链、金融链、资源链。支持宁波在先进高分子材料、稀土永磁材料、电子信息材料、金属新材料等领域进一步提升优势，打造万亿级的新材料产业之城；鼓

[①] 赵长伟，段姗. 我省谋划建设新材料世界科技创新高地的战略思考［EB/OL］. 智江南，2020-08-06.

励杭州充分把握数字经济发展契机,围绕数字经济大力发展相关的有机硅材料、光通信材料、电子与微电子材料等,引进培育一批企业总部、研发基地;支持嘉兴在化工新材料、新能源材料等领域持续发力,加快嘉兴港区化工新材料产业集聚区建设,推动秀洲国家高新区着力打造纳米材料产业高地;加快推进绍兴纺织新材料、衢州氟硅钴新材料、金华铁氧体永磁材料、舟山海洋新材料等优势特色产业发展。

(3) 提升产业链协同创新水平。把握后新冠肺炎疫情时期全球产业链重构的重要战略机遇,围绕研发设计、高端制造、管理总部等关键环节,实施一批强链补链延链工程,提高产业链与供给链、创新链的紧密度,加快推进全省新材料产业链现代化。强化与江苏、广东等兄弟省份新材料产业链条的交流融合与对接协作,完善跨省域产业链联动机制,通过错位发展实现优势互补、开放共赢,联合打通国内新材料主要产业链的各个环节,争取将全产业链或者产业链的关键环节留在国内,有效避免关键核心技术被"卡脖子"、重大疫情等因素导致的产业链外移风险,为我国产业链的安全稳定提供有力保障。形成以宁波、舟山为核心,嘉兴、绍兴、衢州等地协同发展的产业布局。到2025年,炼化一体化与新材料产业链年产值达到1.8万亿元。

第十章　完善创新空间布局

创新空间是承载创新活动的空间载体，塑造开放协同的创新空间是打造高水平创新型省份的主要保障。通过科创走廊、创新型城市、高新区和产业创新综合服务体建设，浙江省将进一步完善创新空间布局。

一、建设科创走廊

《浙江省国民经济和社会发展第十四个五年规划和二〇三五年远景目标纲要》提出，集中力量建设杭州城西科创大走廊，按照创新链产业链协同的导向优化区域创新空间布局，加快建设宁波甬江、嘉兴G60、温州环大罗山、浙中、绍兴等科创走廊。建设科创走廊是浙江完善创新空间布局的重要抓手之一。

（一）科创走廊是科技创新的集聚区

目前国际上主要的科创走廊有美国的硅谷—旧金山湾区（101号公路）和128号公路创新区、英国的M4科技走廊和日本的东京—筑波地区等（见表10-1）。分析国际上主要的科创走廊，可以发现这些沿公路发展起来的创新区域的一些主要特点。

1. 科技创新资源密集

美国硅谷—旧金山湾区（101号公路）集中了斯坦福大学和加利福尼亚大学伯克利分校等四所大学和其他几十所专业院校，知识和技术的密集度居美国之首。与斯坦福大学有关的企业的产值占硅谷产值的50%~60%。硅谷还分布有3000多家高科技研发机构，以及一批能够培养高级技术人员和管理人员的大众化教育机构。大学与产业部门互相依托，教学、科研、生产三者协调发展，知识信息的创造、加工、

表 10-1 国际上主要的科创走廊

名称	主要创新特点	依托的交通线
美国硅谷—旧金山湾区（101号公路）	依托斯坦福大学以及周边诞生的高新技术企业，以电子信息产业为主导产业	从硅谷到旧金山湾区的101号高速公路
美国128号公路创新区	发展医疗设备、电子元器件、数字设备等高新技术产业	环绕波士顿的128号公路
英国M4科技走廊	高效利用M4公路的交通条件与自身科技资源基础，打造英国最有活力的科技产业集群	M4公路：连接伦敦和西威尔士的公路，全长308.8千米
日本东京—筑波地区	依托筑波大学、工业技术院等国家科研机构发展高新技术产业	从东京到筑波科学城的三乡国道和常磐自动车道

资料来源：根据各科创走廊实际情况整理得到。

传播和应用互相促进，使硅谷成为"美国新技术的摇篮"。例如，斯坦福大学制订了专门的产业联盟计划，促进高校科研机构与外部企业合作对接，鼓励科研人员创业，以加速科研成果市场化和商业化。[①] 美国128号公路创新区则拥有麻省理工学院等高校。英国M4科技走廊（M4 Corridor）得名于其毗邻的M4机动车道（一条连接伦敦和西威尔士的公路）。它是很多大型科技公司的总部所在地，特别是在柏克夏和泰晤士谷。正是因为如此，它被称为"英国的硅谷"。

2. 政府研发投入推动地区经济和产业发展

（1）政府研发投入推动地区经济发展。128号公路地区的兴衰与政府的财政支持密切相关。1953年，美国空军在128号公路附近建设军事研究基地，巨额经费开始流入波士顿地区，128号公路地区得以初步发展；20世纪60年代，美国航空宇航局将目光投向128号公路地区，为128号公路地区带来了第一次繁荣；

[①] 刘佐菁、陈杰、余赵，等. 创新型经济体系建设的湾区经验与启示 [J]. 中国科技论坛，2020（1）：126-133.

20世纪70年代削减国防开支直接导致了128号公路地区的经济衰退;"星球大战计划"再次将128号公路地区推向繁荣。

(2)政府研发投入引导产业发展方向。128号公路地区和硅谷的产业发展深受政府的影响。例如,20世纪60年代,在美国国防部对硅谷微电子行业的支持下,硅谷的微电子公司快速发展,使硅谷在60年代后期成为电子工业中心。筑波科学城也是日本政府在20世纪60年代为实现"技术立国"目标而建立的科学工业园区。

(二)浙江科创走廊的布局

科创大走廊的实质是科技创新的集聚区和示范区,也是科技体制改革的试验区。2016年4月召开的浙江省委十三届九次全会明确提出,要加快杭州城西科创大走廊建设。之后,绍兴、宁波、嘉兴、温州和金华等地也积极谋划建设各自的科创大走廊。

1. 科创走廊的科技创新与产业发展重点

各科创走廊由于自身创新条件和产业基础不同,因此在发展上不可能走一样的道路。要善于发挥自身的特色,走差异化发展之路。浙江省各科创大走廊的科技创新与产业发展重点具体如表10-2所示。

表10-2 浙江省各科创大走廊的科技创新与产业发展重点

名称	区域范围	科技创新与产业发展重点
杭州城西科创大走廊	规划范围东起浙江大学玉泉校区,以西湖区紫荆花路为界,南至西湖区留和路南侧山脊线、杭徽高速公路,西至浙江农林大学,北至西湖区灯彩街、杭长高速公路、临安区中苕溪一线,总面积约390平方千米	聚焦打造国际水准的创新共同体、国家级科技创新策源地、浙江创新发展的主引擎,努力建成全球领先的信息经济科创中心、科技体制改革先行区,培育信息技术、智能装备、生物医药等重点产业发展,集聚一批领军型创新创业人才,实施一批重大科技专项,培育引进一批重大高新技术产业项目

续表

名称	区域范围	科技创新与产业发展重点
宁波甬江科创走廊	沿甬江一路向东，将和丰创意广场、高新区、北部高教园区、新材料科技城、宁波开发区等产业功能区串联起来，未来可延伸至保税区与梅山新区，形成集资本、研发、孵化、成果转化、人才培养于一体的科创大走廊	聚焦打造全国新材料产业创新发展引领区、制造业率先转型示范区、区域创新资源配置中心、创新创业优选地，重点在新材料、高端装备、节能环保、新一代信息技术、生命健康等千亿级产业开展科技攻关
嘉兴G60科创走廊	重点规划范围为沿G60高速区域的嘉兴段，东起嘉善，西至海宁，全长88千米，形成"一核引领、两翼联动、多点支撑"的科创空间布局。"一核"，即嘉兴科创核心区，以嘉兴科技城（南湖高新技术产业园区）、嘉兴秀洲高新技术产业开发区、嘉兴高新技术产业园区三大科创平台为依托，打造嘉兴主城区的创新引领高地。"两翼"分为东翼和西翼，东翼为临沪产业创新带，西翼为临杭产业创新带。"多点"具体为高能级创新策源载体、高科技产业特色小镇、产业创新服务综合体、高科技产业合作园区	充分发挥浙江清华长三角研究院、浙江中科院应用技术研究院等的支撑作用，以接沪融杭战略联动沪杭科创、产业、公共服务等要素资源，实现优势互补，形成若干创新引领、本地根植性强的高科技产业集群。积极谋划布局未来产业，包括柔性电子、人工智能芯片、VR/AR、氢燃料电池；加快培育壮大新兴产业，包括新能源、航空航天、生物制剂、科技服务业；大力提升做强特色产业，包括电子信息、智能装备、新材料、纺织服装等
温州环大罗山科创走廊	以大罗山为中心坐标，划定科创带和外围辐射产业带，其中：科创带包括温州国家高新区（浙南科技城）、高教园区、浙南产业集聚区核心区（温州经开区）、三垟湿地、瑞安科技城等，总规划面积230.5平方千米；产业带包括瓯江口产业集聚区、浙南产业集聚区（围垦区）、乐清经开区（乐清高新区）、瑞安经开区（瑞安高新区）、瓯海经开区等产业平台，总规划面积约210平方千米	聚焦智能装备和生命健康两大主导产业，推动各园区平台差异化发展，做强优势细分领域，重点推动中国科学院大学温州研究院、浙江大学温州研究院、华中科技大学温州先进制造技术研究院等高能级平台建设，加快基因药谷、中国眼谷等重大科技项目建设

续表

名称	区域范围	科技创新与产业发展重点
浙中科创走廊	"一廊串联、六城聚力"的空间布局。"一廊"涵盖金华市区至义乌市，其中核心区西起浙江师范大学，东至义乌科技城（双江湖科教园区）。"六城"以金华科技城、义乌科技城（双江湖科教园区）为核心引领，以师大创新城、光电创新城、中央创新城、金兰创新城为辅助支撑	聚焦信息技术、智能制造、生命健康、光电信息等产业，组织实施一批科技研发项目，攻克一批关键共性技术，提升产业核心竞争力，培育新的经济增长点
绍兴科创大走廊	以绍兴科技城为核心，以金柯桥科技城、镜湖国科小镇、袍江洋泾湖工业设计小镇、越城区（高新区）科创园、滨海新城科创园、上虞科园为重点，以高校院所为纽带	聚焦信息技术、环保装备、航空装备、生命健康等高新技术产业和纺织、化工等优势传统产业组织实施一批科技研发项目，攻克一批关键共性技术，提升产业核心竞争力，培育新的经济增长点

资料来源：根据各科创走廊规划整理得到。

2. 联动发展谋共赢

各科创大走廊在建设发展过程中必然会存在竞争，因此，应从省级层面出发，鼓励各科创大走廊联动发展，实现合作共赢。

（1）发挥杭州城西科创大走廊的引领作用。城西科创大走廊起步早、基础好，建设也取得了一定的成效，因此，在全省科创大走廊的建设中可以起到示范与技术扩散的作用。建议城西科创大走廊与省内其他科创大走廊联合构建要素聚集、资源共享、产业上下游高效衔接、互利共赢的科技创新园区链，加强协同创新。

（2）联合建设"互联网+"创新服务平台。学习京津冀科技创新公共服务平台建设经验，联合建设"互联网+"创新服务平台。重点建设"1488"，即1个综合服务平台、4大服务频道（创业服务、企业服务、政策服务、生活休闲）、8大类创业服务主题（找空间、开公司、组团队、做产品、找天使、做推广、找融资和询政策）和 8 大类企业服务（我的政策、金融服务、融资服务、科技创新、技术平台、人才服务、经营管理、园区服务）。创新服务平台要对接各科创走廊的园区服务、金融服务、技术服务、社会服务、政策与资金申报服务、创业服务以及其他各类服务机构的服务资源，为企业提供"低成本、管家式"的服务。

（3）联合引进创业创新人才。建议各科创走廊共同建立高级专家数据库，联合组团到海外引进人才。支持海外创新团队在各科创走廊工作和创业。支持高校院所、园区、孵化器、海创园等与各科创走廊机构合作，共建海外人才创业园或投资基金，吸引海外高端人才开展跨区域创业，联合承担重大项目，创办科技型企业。

（三）案例：杭州城西科创大走廊

杭州城西科创大走廊位于杭州城市西部，规划范围东起浙江大学玉泉校区，以西湖区紫荆花路为界，南至西湖区留和路南侧山脊线、杭徽高速公路，西至浙江农林大学，北至西湖区灯彩街、杭长高速公路、临安区中苕溪一线，总面积约 390 平方千米。杭州城西科创大走廊逐步向南北两翼拓展，联动发展区包括西湖区、余杭区、临安区相关区域和杭州高新区（滨江）、富阳区，并探索将德清相关区块纳入规划。杭州城西科创大走廊是浙江省"面向未来、决胜未来"的科技创新重大战略平台，致力于打造全球领先的信息经济科创中心，建设成为国际水准的创新共同体、国家级科技创新策源地和浙江创新发展的主引擎。

2012 年 9 月，杭州城西科创产业集聚区管委会挂牌。2017 年 3 月，杭州城西科创大走廊建立"三统三分"的运行机制。杭州城西科创大走廊统规划、统重大基础设施建设、统重大产业政策和人才政策，分别建设、分别招商、分别财政，领导小组及办公室负责"统"的职能，西湖区、余杭区、临安区政府负责"分"的职能。2021 年 3 月 11 日，浙江省人民政府发布《关于调整杭州市部分行政区划的通知》（浙政发〔2021〕7 号），撤销杭州市余杭区，设立新的杭州市余杭区，以原余杭区的余杭街道、仓前街道、闲林街道、五常街道、中泰街道、仁和街道、良渚街道、瓶窑镇、径山镇、黄湖镇、鸬鸟镇、百丈镇的行政区域为新的余杭区的行政区域，余杭区人民政府驻仓前街道文一西路1500号。由此，从行政管理上来看，杭州城西科创大走廊进入了政区合一的阶段。

根据《杭州城西科创大走廊发展"十四五"规划》，"十四五"时期，该区域的创新型人才队伍建设、体制机制创新、重大平台打造、创新主体培育、硬核科技成果创新等方面将取得重大突破，创新型产业集群培育效应显现，打造全球领先的数字科创中心，建设高质量发展引领区、城市现代化先行区、整体智治示范区，初步建成面向世界、引领未来、服务全国、带动全省的创新策源地。

1. 发展目标

（1）前沿科学和先进技术原创能力显著增强。在"互联网+"、生命健康、新材料领域产生一批关键核心技术，部分达到世界领先水平。奋力实现国家实验室"零的突破"，国家级研发机构与平台达到50家，省级新型研发机构达到20家；PCT国际发明专利申请数达到500件，参与制定的国际（国家）标准达到60项，获国家科学技术奖100项。

（2）全球一流人才创新创业生态基本建成。形成创新要素集聚、创业服务专业化、融资体系多元化的优质创新创业环境，建成50个国家级孵化器和众创空间，创业投资基金资产管理规模达到5000亿元，集聚人才总量达到70万人。新引进国内外顶尖人才、领军人才350人。

（3）世界级创新型产业集群初具规模。大走廊创新型经济规模化发展，产业效益水平显著提升。产业增加值保持年均10%左右的增速，达到3500亿元；数字经济核心产业营业收入超万亿元，生命健康、高端装备、金融科技营业收入达到千亿元级规模；高新技术产业增加值达到3200亿元，国家级高新技术企业累计达到2000家，上市公司达到100家，技术交易合同成交额超过200亿元。

(4) 科创型未来城市格局基本形成。高水平推进全域未来社区集群和湿地湖链生态廊道建设,基本建成较为完善的交通、市政基础设施和新型基础设施体系,优质社会服务供给能力显著提升,建设20个未来社区,提供人才租赁住房达到8000套,基本形成宜研宜业的新型科创空间、美丽宜居的生活空间。

(5) 一体化发展体制机制更加完善。率先推进整体智治示范和新型智慧城市建设,基本实现规划、标准、政策统筹管理,实质性推进大走廊一体化整合、实体化管理、市场化运作,形成充分调动省、市、区各方积极性的高效开发管理机制。

2. 空间布局

承继"一带三城多镇"布局基础,遵循全域一体、绿色集约、功能集聚的原则,实质性推进城市功能、创新资源、产业平台、基础设施、生态环境等一体化规划、一体化布局,加快提升东西科创廊道能级,持续做强"四城"特色优势,拓展南北两翼发展空间,形成"一廊四城两翼"联动发展新格局,打造生态更美、功能更优、竞争力更强的现代化科创大走廊,建设科技型未来城市。

(1) 做优东西科创主廊道。依托丰富的科创资源和优质的生态本底,强化重大科技设施、人才、平台、要素集聚,夯实综合性国家科学中心和产业创新中心的功能载体;畅通东西向综合交通走廊,有机串联生态、科创、产业、生活、文化空间,统筹紫金港科技城、未来科技城、青山湖科技城和云城高质量发展,加快推进城市更新,打造以云城为核心、联动未来科技文化中心的杭州城市级新中心;荟萃名家名校名企名院,激发创业创新创意创造,形成以湿地湖链为脉、科技创新为魂的湖城一体科创主廊道,打响全球创新策源地品牌。

(2) 拓展南北两翼联动区。依托科创大走廊城市级新中心向南北两翼拓展。北向拓展余杭区瓶窑镇、良渚街道、径山镇、良渚新城、仁和街道、钱江经济开发区,探索将德清部分区域纳入规划;南向联动之江国家旅游度假区、富阳区、杭州高新区(滨江),促进创新链与产业链深度融合,协同推进基础研究、成果转化及创新平台、产业平台、科创人才"飞地"建设,共同打造最具生态美、文化美、生活美的科创空间。

二、创建创新型城市

创新型城市是指主要依靠科技、知识、人力、文化、体制等创新要素发展的城市,对其他区域具有高端辐射与引领作用。2021—2025年,浙江省将以杭州、宁波为"双核",加快创新型城市群建设,使70%以上的设区市建成国家级创新型城市。

(一)浙江省创新型城市建设情况

1. 从科技强市、县(市、区)到创新型城市(县、区)的演进

2004年以来,各地按照省委省政府的决策部署,积极开展创建科技强市、县(市、区)活动,对建设创新型省份和科技强省、加快经济转型升级起到了积极作用。为进一步提高市、县(市、区)科技创新能力,增强经济综合实力,2012年3月16日,浙江省人民政府发布《关于建设创新型城市(县、区)的指导意见》(浙政发〔2012〕17号,简称《意见》)。

该《意见》明确,在创建科技强市、县(市、区)的基础上,建设创新型城市(县、区),是发挥示范带动作用、加快科技强省建设的迫切要求,是统筹城市发展与经济发展方式转变,把依靠科技进步、劳动者素质提高和管理创新作为两者的结合点、着力点、创新点进行一体化部署、一体化推进的重要抓手。

该《意见》要求,全面推进以中心城市为重点的创新型城市建设,进一步深化和完善科技强县(市、区)创建活动,加快建设创新型城市(县、区),加强各类开发区、高新区的创新型城区的建设,以城市的创新发展带动城乡统筹协调发展。以建设创新型城市(县、区)为突破口,深化科技、经济和社会等方面体制改革,围绕制约自主创新的体制机制和政策等重大问题,在重点领域和关键环节上实现新突破,着力构建富有效率、充满活力、更加开放的体制机制、政策环境和社会环境。

该《意见》指出，在科技强市、县（市、区）的基础上建设创新型城市（县、区）；尚未成为科技强市、县（市、区）的，仍按省委办公厅、省政府办公厅《关于开展创建科技强市和科技强县活动的通知》（浙委办发〔2004〕29号）的要求，开展创建科技强市、县（市、区）活动。

2. 积极建设国家创新型城市

为推动创新型国家建设，2008年以来，科技部、国家发展改革委分别开展创新型城市试点工作。在前期试点的基础上，2016年12月1日，科技部和国家发展改革委发布《关于印发建设创新型城市工作指引的通知》（国科发创〔2016〕370号，简称《指引》）。要求已开展创新型城市试点建设的城市，根据《指引》要求进一步做好新形势下城市创新发展各项工作，充分发挥区域示范引领作用；对照试点建设方案并参照建设创新型城市指标体系，抓紧做好试点建设自验收评估，科技部、国家发展改革委将适时开展第三方总结评估，推动若干城市加快建设创新型城市。同时要求各省（自治区、直辖市）科技管理部门和发展改革部门按照《指引》要求，积极支持和推动城市创新发展，科技部、国家发展改革委将结合国家创新驱动发展的整体部署，统筹东、中、西及东北区域布局，进一步推进创新型城市建设，持续加大支持和推动力度。当时进入创新型城市试点的浙江省城市为宁波市、嘉兴市、杭州市、湖州市。

2008年以来，科技部、国家发展改革委先后支持78座城市（区）开展创新型城市建设。浙江省进入创新型城市行列的有杭州市、嘉兴市、湖州市、绍兴市、金华市；进入创新型县市行列的有乐清市、慈溪市、新昌县、瑞安市、长兴县、安吉县。根据科技部和中国科学技术信息研究所分别公布的《国家创新型城市创新能力监测报告2020》和《国家创新型城市创新能力评价报告2020》，浙江省杭州市排名第三，宁波市排名第十五。

(二) 案例：乐清市建设国家创新型城市①

乐清市地处浙江东南沿海，西拥雁荡山脉，东临乐清湾，南与温州市区隔瓯江相望，为温州大都市区北翼副中心。全市全面实施创新驱动发展战略，着力建设科技创新平台，积极培育企业创新主体，优化服务、提升服务，激发全社会创新活力，推动科技工作高质量发展。乐清市入选"国家知识产权强县工程示范县（市）"，获得省科技进步和人才工作目标责任制考核优秀奖，被评为浙江省"公众创业创新服务行动"优秀县（市），列入第一批省级"产业创新服务综合体"创建单位和第一批省级"全面创新改革联系点"单位。2019年，乐清市成功入选国家首批创新型县（市）建设名单。

1. 建设基础

（1）科技创新平台建设速度加快。建设乐清市智能装备科技加速器。聚焦智能装备制造，助推传统电气产业转型升级，实现技术、人才、产业、资本的深度融合，推进传统产业改造提升，培育新兴产业。整合创新资源，把科技大市场、电器可靠性实验室迁入加速器并完成场地装修。推动政校企联动，加快专家领衔投资的项目落地。截至2020年，加速器已引进10位特聘专家及其他专业人才，形成共40人的创新团队。吸引16家企业入驻，包括深科、德胜等6家从事自动化制造的本土企业，浙江力太等4家知名的工业机器人和物联网企业。

（2）省级电气产业创新服务综合体建设稳步推进。乐清电气产业创新服务综合体成为首批省级产业创新服务综合体，是目前温州唯——家省级产业创新服务综合体。该综合体立足于乐清千亿级电气产业，依托智能装备科技加速器，整合国家级科技企业孵化器、电子信息科技加速器、科技大市场、电器可靠性实验室、工业设计基地等一批科创平台，构建为广大中小微企业创新发展提供全链条服务的新型载体。建成

---

① 乐清市案例取材自乐清市科技局2020年委托课题研究成果《乐清市"百城"行动工作方案》（笔者主笔），感谢乐清市科技局周森森副局长和郑哲科长的支持。

了综合服务大厅，提供政策咨询、科技金融、人才服务、知识产权、检验检测、科技大市场、创意设计、党群服务等一站式服务。完善组织架构，成立电气产业创新服务综合体理事会，推进综合体运行管理。

（3）科技企业孵化器、电子信息科技加速器管理体制进一步理顺。建设乐清科技企业孵化器，园区占地102亩，该孵化器支持企业创新创业，培育科技型企业和企业家，为企业提供各类优惠政策和配套服务，支持区域高新技术产业发展，先后被评为"省级科技企业孵化器""浙江省青年创新创业示范基地""浙江省首批现代服务业集聚示范区""国家级科技企业孵化器"。建设电子信息科技加速器，总用地面积98亩，总建筑面积约6万平方米，园区定位为创新型小微企业集聚基地。

（4）创新主体得到良好培育。建立和完善高新技术企业后备库，从科技型中小企业和高成长型企业中筛选优质企业作为高新技术企业培育对象，截至2020年有高新技术企业214家、省科技型企业505家。推动"万众创新"，申报省级众创空间2家。将"创新券服务"纳入"最多跑一次"改革，不断优化和完善服务流程，支持高校、科研院所为乐清市企业提供技术合作、技术转让、技术咨询、检验检测、大型仪器设备共享、科技查新等服务。

2. 建设定位

坚持创新驱动，确立全国电气产业创新引领区、全省创业创新生态标杆区、开放链接发展实验区、产城融合发展探索区等战略定位，力争打造"全球一流的智能电气产业创新中心"。

3. 建设任务

（1）全面落实创新创业政策。

1）完善落实科研投入政策。制定符合乐清市发展要求的财政科技投入政策，强化财政科技投入的稳定性和持续性。重点支持基础性、公益性、共性的关键核心技术研究等活动。完善财政科技投入机制，强化顶层设计，健全协调机制，实现科技信息共享。通过税收优惠、风险补偿、创业投资引导基金等方式，探索实施符合创新规律、以结果为导向、激励与约束并重的科研投入方式。

2) 创新招商引资引智政策。加大对科技基础条件、创新平台建设和重大科技项目实施的支持力度。围绕区域创新体系建设，研究出台乐清市建设发展配套政策。加大对高端科研人才引进、高端科研项目引进、高端科研设备引进等的资金扶持力度。引导设立乐清市创业投资引导基金、风险补偿基金、开发建设基金等，出台鼓励科技金融发展的优惠政策。改革传统招商引资机制，加大对多元化招商模式的奖励力度，充分利用中介机构、商会、行业协会、社会媒体等资源。综合运用研发资助、载体平台搭建、创新券、政府采购等激励政策，推动创新企业成长、创新人才集聚、创新要素流动和创新业态发展。

3) 创新服务精细化政策。深化行政审批制度改革，完善行政服务体系，扎实推进创新机制、健全平台、规范管理、优化服务等重点工作，进一步推动政府职能转变，营造高效的政务服务环境，精准施策、优化服务。

（2）加速集聚创新创业要素。

1) 以企业为主体，推进产学研用协同创新。聚焦电气产业，组织开展知名高校院所信息库建设，为企业产学研合作搭建交流渠道。重点加快推进与浙江大学机械工程学院的合作，创建乐清智能装备与智能制造产业研究院。支持企业采用委托开发、合作开发、研发外包等方式，联合国内外高校院所开展关键技术协同研发；推动龙头企业牵头，联合高校院所共建实验室、搭建共性技术平台、组建产业技术创新联盟等，开展协同创新。积极推动与科技企业有密切合作关系的浙江大学、河北工业大学、上海电器科学研究所等一流高校院所在乐清设立产业化基地，形成"研发在院校、生产在乐清"的发展格局。

2) 大力引进培育高层次创新创业人才和职业技术人才。通过人才创业资助、人才创业融资扶持等措施，广泛吸纳海外高层次人才来乐清市创新创业。实施高层次人才和创新团队引培计划，鼓励企业与大院名校联合培养人才，促进科技人才向企业柔性流动。结合乐清市行业及产业发展特点，组织用人单位引进乐清市紧缺急需的高技能人才。推进校企联合招生、联合培养的现代学徒制试点，强化专业与产业、课程设置与岗位需求、教学过程与生产过程的对接。

3）不断推进创新载体和平台建设。稳步推进"研究院（孵化器）—加速器—产业园"大平台建设，打造乐清科技企业孵化器品牌，为新创办的科技型中小企业提供物理空间和基础设施，提供一系列服务支持，降低风险和成本，促进科技成果转化，推动科技型中小企业成长与发展。大力发展市场化、专业化、集成化、网络化的众创空间，实现创新与创业、线上与线下、孵化与投资相结合。发挥乐清市政府创业投资引导基金和财税政策的作用，对种子期、初创期科技型中小企业给予支持，培育发展天使投资。

(3) 推动科技成果转移转化。①推动企业技术成果市场化应用，提高技术转化能力。②加快建设乐清市科技大市场。③推进科技与金融结合。完善"政府—银行—担保机构"风险分担机制，建立科技金融贷款风险补偿机制、高新技术项目发布和融资对接机制，成立国有政策性融资担保公司，推进乐清市科技企业贷款风险池建设，加大对科技企业融资的支持力度。

(4) 加快主导产业创新发展。

1）聚焦电气高端发展，构建特色产业体系。依托乐清电气产业资源优势，以培育新兴增长点为核心，全面优化产业组织方式，重点发展智能电气，前瞻布局新兴业态，构建企业集聚、协作紧密、创新能力突出的活力产业集群。

2）支持企业建设高水平研发机构，支撑产业发展。引导企业加大对研发机构的投入，逐步建立多层次、多形式、多渠道的研发资金投入体系。引导企业普遍建立企业研究院、研发中心、技术中心等各类研发机构。鼓励有条件的骨干企业发展海外研发机构，加大新产品开发力度，增加产品综合竞争力，提高市场占有率。

3）推动企业"互联网+"模式创新，促进产业发展。发挥"互联网+"对生产要素的优化和集成作用,鼓励企业在研发、制造、销售等价值链环节开展创新。推广基于互联网的研发众包、云设计等新型研发组织模式,支持行业大企业在内部建立对外开放的创客工场,探索基于个性化产品的服务模式和商业模式创新。鼓励电气企业内部贸易平台转型升级,搭建覆盖整个产业链的具有总集成服务能力的平台型企业,构建"产品+内容+服务+平台"的电气产业开放创新平台。

三、推进高新区高质量发展

高新技术产业开发区(简称高新区)是指我国在一些知识密集、技术密集的大中城市和沿海地区建立的发展高新技术的产业开发区。2021—2025年,浙江省争取新建国家级高新区5家以上,国家级高新区排名大幅跃升,支持杭州高新区建设世界一流高科技园区。

(一)浙江省高新区高质量发展的方向

浙江省的首个高新技术产业开发区——杭州高新区,始建于1990年。1997年下半年,浙江省开始创建省级高新区。根据2020年12月浙江省科技领导小组办公室印发的《2019年度浙江省高新区评价结果的通知》,全省共有43家高新区,其中包括8家国家级高新区、12家省级高新区、23家省级创建高新区。这些省级以上高新区以全省2%的土地,承载了一半以上的上市企业和近一半的高新技术企业,贡献近1/2的高新技术产业增加值、1/3的规模以上工业增加值和近1/5的出口额。

为进一步激发全省高新区创新发展活力,促进高新区高质量发展,浙江省科技领导小组办公室2020年印发了《浙江省高新区高质量发展行动计划》,浙江省人民政府2021年6月发布了《关于加快促进高新技术产业开发区(园区)高质量发展的实施意见》(浙政发〔2021〕16号)。未来,浙江省高新区的发展重点有以下几个方面。

1. 着力提升自主创新能力

(1)建设高水平科创平台。支持高新区引进集聚国内外名校名院名所，加强跨区域、跨领域创新力量优化整合，布局建设一批实验室、技术创新中心等重大科技创新基地，促进科研成果产业化。支持建设产业技术研究院等共性技术研究和转化平台。编制全球创新资源地图，实施精准对接招引。支持骨干企业牵头建设工程研究中心、产业创新中心、制造业创新中心等产业技术创新组织，构建风险共担、收益共享、多元主体的协同创新共同体。对符合条件纳入省级重点实验室、省级工程研究中心、省级技术创新中心、省级制造业创新中心、省级新型研发机构的，给予优先支持。

（2）引导高端人才集聚发展。搭建高能级平台汇聚人才，完善人才发现、培养、激励、服务等机制，制定具有竞争力的人才政策体系，探索建设人才特区。强化精准引才，在高新区率先开展外国专家工作站建设、海外工程师引进试点。深化产教融合试点，由骨干企业与高校院所共同建立高端人才培养机制。各类人才相关扶持政策优先向高新区倾斜。支持高新区率先打造高层次人才创新创业"绿色通道"，推广"人才码"。允许在高新区企业工作的外国人才申办5年以内的工作类居留许可。

（3）加强关键核心技术攻关。围绕产业链部署创新链，推动产业链延伸、价值链提升、供应链贯通，提升创新链整体效能。锻造一批"撒手锏"技术成果，增强核心领域的全产业链优势。鼓励高新区采取揭榜挂帅、择优委托、滚动立项等方式，提高科研攻关的精准性。支持高新区围绕关键核心技术开展联合攻关，推进前沿技术在重点产业链关键领域的应用。支持龙头企业承担国家和地方重大科技计划项目。

（4）完善技术创新服务体系。打造"研发—成果转移转化—中试—产业化"的科技创新链条。推进高新区与网上技术市场的深度链接，建设一批专业化、市场化的成果转化服务平台和技术转移机构。支持高新区建立研发外包与服务中心，与有条件的单位共建数据中心、工业互联网中心等。支持高校、院所等科研事业单位率先在高新区开展职务科技成果所有权改革试点。围绕集成公共服务建设产业创新服务综合体，提供创意设计、研究开发、检验检测、标准信息、成果推广等全链条公共服务，打造科技服务业集群。

2. 全面激发企业创新活力

（1）强化企业技术创新主体地位。促进创新要素向企业集聚，支持企业与高校院所合作、牵头组建创新联合体、引进高端创新人才、承担省级重大科技项目。支持企业建设重点企业研究院、企业研究院、企业技术中心、研发总部等研发机构，开展专有技术研发。鼓励市县建立企业研发准备金制度，将研发投入强度高的企业纳入重点支持清单，给予研发费用奖补。扩大首购、订购等非招标方式的应用，加大对重大创新技术、产品和服务的采购力度。

（2）建立科技企业梯度培育机制。实施高新技术企业和科技型中小企业"双倍增"行动计划，以"雏鹰行动""雄鹰行动""凤凰行动"为抓手，培育"专精特新"企业、"单项冠军"企业、"链主型"企业，实现由小到大、由成长型到平台型和创新领军型的梯次升级。发挥平台型和领军型企业的头雁效应，支持创新型中小微企业成长为创新重要发源地，推动产业链上中下游、大中小企业融通创新，打造"头部企业+中小微企业"协同创新生态圈。

（3）完善中小企业孵化育成体系。实施创业孵化基地建设"清零"行动，围绕主导产业和优势领域建设专业众创空间和孵化器，推动大学科技园建设，形成从众创空间到孵化器再到加速器的科技企业孵化育成链条。落实对创业孵化载体的税收优惠、绩效奖励等政策，支持高新区举办创新创业大赛等活动。

3. 培育壮大现代产业集群

（1）做大做强特色主导产业。围绕数字经济、生命健康、新材料、先进制造等战略性新兴产业和高新技术产业，立足资源禀赋，明确主攻方向，集中抓好不超过三个主导产业。建立"链长制"，坚持自主可控、安全可靠，实施"一链一图、一链一制、一链一策"，推动传统产业高端化、智能化、绿色化，实现全产业链优化升级，锻造产业链供应链长板。支持有条件的高新区培育发展人工智能、量子信息、区块链、柔性电子等重量级未来产业，整合省市资源给予支持。推进先进制造业和现代服务业深度融合，加快培育现代产业体系。

（2）优化产业创新空间布局。支持高新区按照高端产业发展需求，部署专业化功能区（园区），营造研发、转化、投资、孵化等多元创新空间。坚持生态生产生活"三生融合"，完善教育、医疗、金融等现代公共服务配套，以及新基建、生态景观等基础设施，率先建设"未来社区"，打造产城融合、职住平衡、生态宜居、交通便利的韧性智慧高新区。

（3）扩大高新技术产业投资。坚持项目为王，优先在高新区实施一批重大科技攻关与成果转化项目、重大应用场景应用示范工程等标志性、引领性项目。推进数字应用场景建设，在重点领域开展"5G+工业互联网"等应用示范。根据强链延链补链需求，瞄准头部企业、海外浙商和优势项目等，开展精准招商，扩大有效投资。支持高新区打造集研发设计、运营管理、集成制造、营销服务于一体的总部基地。

4. 全面深化开放协同创新

（1）加快融入全球创新体系。支持高新区在符合国际规则和通行惯例的前提下，建设海外创新中心、海外人才创业基地和国际科技产业合作园区等载体，构建科技与产业、金融、贸易有效对接的联动平台。鼓励高新区引进外资研发机构和国际技术人才服务机构等。支持龙头企业"走出去"，深度参与"一带一路"建设，到海外设立或并购研发机构、实验室、孵化器等。

（2）促进区域协同创新发展。鼓励高新区深度参与长三角一体化发展，完善园区共建、产业共育、利益共享的合作机制。推动高新区串珠成链，成为杭州、宁波温州国家自主创新示范区和杭州城西、宁波甬江、G60（浙江段）、温州环大罗山、浙中等科创走廊协同联动、融通发展的核心节点，主动承接创新策源地的原创成果和先进技术溢出，布局未来产业和高新产业，打造一带（区）多核、高效协同的创新共同体。推进高新区扩容提质，鼓励有条件的高新区整合或托管区位相邻、产业互补的其他园区，打造区域创新增长极。

（二）案例：杭州高新区（滨江）[①]

杭州高新区（滨江）由杭州高新技术产业开发区与滨江区行政城区合二为一而成。杭州高新区始建于1990年，是国务院批准的首批国家级高新技术产业开发区之一；滨江区设立于1996年12月，行政区划面积72.2平方千米。2002年6月，两区管理体制调整，实行"两块牌子、一套班子"，下辖3个街道，60个社区，常住人口45.5万人。2015年8月，国务院批复同意杭州国家级高新区建设国家自主创新示范区。2016年6月，科技部火炬中心将杭州高新区列入建设世界一流高科技园区计划序列。

杭州高新区（滨江）始终坚持发展高科技、实现产业化、建设科技新城，牢牢把握"高质量发展与可持续发展""高质量发展与高水平治理""高质量发展与高素质队伍"三对关系，深化"产业业态、城市形态、人才生态"三态融合，全力打造数字经济和制造业高质量发展的"双引擎"，奋力推进世界一流高科技园区建设。2020年，地区生产总值突破1700亿元，增长7%以上，增速居省市前列；在降本减负90.35亿元的情况下，实现财政总收入358.43亿元，增长4.8%，其中一般公共预算收入182.75亿元，增长4.1%。[②] 杭州高新区（滨江）的成功经验有以下几点。

1. 发展以信息技术为核心的高新技术

杭州高新区（滨江）始终致力于发展高新技术产业，走出了一条

[①]本部分内容取材自杭州市滨江区发改局委托课题研究成果《杭州高新区（滨江）国民经济和社会发展第十三个五年规划纲要中期评估报告》（笔者主笔）。感谢滨江区发改局姜黎局长和段豪丽科长的支持，以及课题合作者南京财经大学夏勇博士的帮助。

[②]李志龙.2021年政府工作报告[EB/OL].杭州高新区（滨江）网，2021-01-22.

主导产业突出、高新特色鲜明的产业发展之路，打造了网络信息技术产业的全产业链，形成了千亿级智慧经济产业，具备了可以代表国家参与全球竞争的优势。涌现了阿里巴巴、吉利集团、网易（杭州）、新华三、海康威视、大华技术、宇视科技、正泰太阳能、浙江中控、聚光科技等一大批行业领军企业，形成了电子商务、智慧互联、智慧物联、智慧医疗、智慧安防、智慧环保等一大批"互联网+"的产业集群，电子商务、数字视频监控、宽带接入设备、集成电路设计产业、软件产业、动漫制作的整体水平居国内领先地位，人工智能、集成电路设计、云计算、大数据、生命健康等前沿技术领域的企业快速成长。2019年高新技术产业实现收入3692.5亿元，增长15.6%。截至2019年，累计拥有上市公司51家，成为"浙江资本第一区"。

2. 注重创新能力培育

杭州高新区（滨江）结合国家创新驱动发展战略纲要中明确的10个发展方向，依托优势产业精准发力，支持能代表国家参与国际竞争、能替代进口产品、填补国内技术空白的高新技术，努力抢占全球制高点。积极鼓励支持企业加大研发创新投入，近年来全区R&D占GDP比例始终保持10%的高水平。创新创业生态不断优化，全区拥有省级以上科技企业孵化器、众创空间53个，其中国家级20个，居全省第一。北航杭州创新研究院正式运行，北航杭州研究生院开工建设。国家"芯火"双创基地、滨江联合创新中心5G实验室正式启用，华为鲲鹏创新中心、中国科学院上海分院国家技术转移中心（杭州）等多个重量级创新平台落地。2019年新认定国家高新技术企业405家（在册1256家），列全省首位；全年专利申请量18330件，专利授权量10341件，首次突破万件大关。

3. 坚持人才集聚

杭州高新区（滨江）坚持把人才工作放在经济工作的首要位置，顺应人才成长规律，创造条件吸引人才、留住人才，宽容失败并甘愿为失败承担必要成本。坚持走"以人才带项目、以项目引人才"的招商引智良性循环之路，为人才创新创业提供全方位支撑，让人才在这里实现从无到有、从小到大、水到渠成的创业。推出人才新政30条，实施新一轮"5050"计划，2019年新引进各类人才3.13万人，其中硕博士占比超过26%；新增海外高层次人才1426人，新增各类人才工程入选者45人，拥有诺贝尔奖得主、海外院士3名。全市率先开展外籍高层次人才申请永久居留工作。实施人才安居改革，同步推进实物配租和货币补贴。近年来，每年引进2万～3万名大学生人才，2019年从业人员已达39万人，从业人员中大学本科以上学历占比达50%。

4. 创新体制机制

杭州高新区（滨江）始终坚持以政府自身改革激发全社会活力，把体制机制创新作为创造新优势的最重要法宝。多年来，该区坚持问题导向、目标导向，用足用好国家自主创新示范区先行先试优势，以"最多跑一次"改革为牵引，推进浙江省全面创新改革试验区建设和社会事业改革。推进知识产权服务"最多跑一次"，设立全国首个全门类知识产权综合服务中心，获批全省首个国家知识产权服务业集聚发展示范区。持续优化营商环境，全省首批试点落实企业开办全流程"一件事"一日办结，杭州市率先启用投资项目在线审批监管平台3.0版。创新工业综合体模式，实现产业项目供地与供楼双轨并行，促进新制造企业集聚集约发展，2019年首个工业综合体项目开工建设，总投资约12亿元。

四、完善产业创新服务综合体

近年来，浙江省传统块状经济面临产业层次低、技术水平低、创新能力弱、品牌影响小、布局结构散等瓶颈制约。为强化供给侧结构性改革，促进产业转型升级，浙江省于2017年启动建设产业创新服务综合体。产业创新服务综合体是在整合提升科技创新服务平台等的基础上，集聚各类创新资源要素，为块状经济和现代产业集群发展提供全链条服务的新型创新载体。建设产业创新服务综合体，是深入贯彻习近平总书记关于科技创新重要论述的生动实践，是构建区域创新体系、落实创新驱动发展战略的重大举措，是促进新旧动能转换、提振民营经济的迫切需要。

(一)产业创新服务综合体建设的主要做法

截至2018年，浙江省已建设省、市、县三级产业创新服务综合体168家，其中省级65家。这些综合体集聚了创新资源，推动了协同创新，促进了产业发展。65家省级产业创新服务综合体累计集聚各类创新服务机构2864家（其中，科技企业孵化器/众创空间672家、知识产权服务机构486家、中小企业公共服务平台272个），引进共建大院名校454家，集聚高层次人才团队2296个。65家省级综合体累计承担省级及以上科技计划项目1478项，开展产学研合作的企业6329家，服务科技企业41.4万次，解决技术难题1.6万个，达成技术交易的成果6811项；设立创业风险投资基金，规模达260.6亿元，发放知识产权质押贷款55.7亿元。综合体涉及传统产业的有38家，涉及战略性新兴产业的有27家，全覆盖一、二、三产业。[1]

1. 以立足产业为根本

65家省级产业创新服务综合体涉及纺织、皮革、五金、模塑等传统产业的有38家，涉及网络信息、生物医药、新能源汽车、新材料等战略性新兴产业的有27家，覆盖100亿元以上生产总值的产业集群26家、50亿~100亿元的产业集群16家、50亿元以下的产业集群23家。例如，截至2018年，绍兴市柯桥区纺织产业创新服务综合体已集聚各类创新服务机构411家，为1万家中小纺织企业提供全链条产业创新公共服务。

2. 以市场为主导

在65家省级综合体中，企业主导运营的有38家，占58.5%。例

---

[1] 浙江省科技厅. 浙江省产业创新服务综合体建设成效明显[EB/OL]. 2019-10-17.

如，余杭家纺、服装产业创新服务综合体由上下游龙头企业、渠道商和服务商等单位参与建设，截至2018年已整合检验检测、互联网、文创服务、企业服务等平台资源15个，集聚各类设计机构81家及设计师374人，设计成果转化产值为6.93亿元。

3. 协同推进

科技、发改、经信、市场监督、财政等部门协同推进，有效整合孤立、分散的公共服务资源。省政府出台《浙江省产业创新服务综合体建设行动计划》等文件，给予综合体最高每年5000万元、连续3年的财政资金支持。各市、县（市、区）普遍建立了产业创新服务综合体建设工作机制，纷纷出台配套政策，形成工作合力。

4. 及时总结推广

浙江省科技厅及时总结出产业创新服务综合体建设的"七种招式"，即政府引导推动式、龙头企业带动式、多元主体协同式、公共平台提升式、全创新链推进式、关键环节突破式、未来产业孵化式。并通过召开全省产业创新服务综合体建设现场推进会等形式进行推广。

5. 开展绩效评价

对省级产业创新服务综合体开展绩效评价，并基于评价结果进行奖惩。2021年3月，浙江省科技厅组织开展了2020年度省级综合体绩效评价工作。根据专家组实地考察和打分情况，评价结果按照传统块状经济、现代产业集群、现代服务业、农林牧渔等进行分类排序，分为优、良、差三个档次。[①] 评价结果如下：

（1）诸暨大唐袜业、乐清电气、余杭家纺与服装、台州黄岩模塑、瑞安汽车关键零部件、嘉善木业家具、缙云锯床和特色机械装备、宁波新材料、椒江智能马桶、杭州生物医药、德清地理信息、磐安中药综合体等12家综合体评价为"优"。

---

① 浙江省科技领导小组办公室. 关于公布2020年度省级产业创新服务综合体绩效评价结果的通知[EB/OL]. 创新浙江，2021-03-02.

第十章　完善创新空间布局

（2）定海金塘塑机螺杆、南浔智能电梯、庆元竹木、临安微纳技术及应用、乐清物联网传感器、拱墅汽车互联网综合体等6家总分在末位10%，且未完成申报书任务的综合体评价为"差"。

（3）其余46家省级综合体评价为"良"。①

（二）产业创新服务综合体建设模式

浙江省各地立足产业发展实际，已探索出多种各具特色的综合体建设模式。

1. "龙头企业带动"模式

依托行业内龙头企业，提供全产业链公共创新服务，形成"龙头企业带动"模式。例如，萧山新能源汽车及零部件产业创新服务综合体依托万向集团，整合利用全球创新资源，推动智能制造、工业互联网、区块链等数字技术推广应用，截至2019年已共建大院名所1家，开展产学研的企业335家，解决技术难题750个。

2. "全创新链推进"模式

许多综合体结合当地主导产业实际，打造创新创业生态系统的"全创新链推进式"综合体。例如，台州黄岩模塑产业创新服务综合体已初步集聚起研发、检验检测、工业设计等各类创新要素，为模塑产业的创新发展提供全链条服务。椒江智能马桶产业创新服务综合体为当地智能马桶企业提供创意设计、技术研发、创业孵化、成果转化、检测检验、人才培训、标准信息等全链创新服务。除已建成的两个30万平方米的科创园外，该综合体还实行线上线下同构模式，基于大数据绘制信息交互式产业生态地图，打造线上创新服务综合体。截至2019年，已上线生产性服务商208家，搭建起了数字营销场景平台，有43款热销产品完成数字建模。②

---

① 在65家省级综合体中，有64家参与绩效评价，有1家退出。
② 洪雨成. 椒江智能马桶产业创新服务综合体——全链服务打造创新强引擎［N］. 台州日报，2019-04-29.

3. "未来产业孵化"模式

也有一些地方着眼于新兴产业的培育,形成"未来产业孵化式"综合体。例如,在德清地理信息产业创新服务综合体的中科卫星应用德清研究院,其布满蓝色"尖角"的微波目标特性测量实验室,具有浓浓的"未来感"。浙江省微波目标特性测量与遥感重点实验室运行部副部长刘致曲说,实验室的测量结果能够填补我国微波连续波谱测量的空白,为卫星载荷设计与研发提供自主实验支撑,最终服务于灾害响应、农情监测、国土与海洋资源监测等领域。①

(三)案例:嘉善木业家具(智能家居)产业创新服务综合体

木业是嘉善的主导产业。20世纪80年代,嘉善以引进台资企业为基础,发展了木业主导产业。1987—1996年为嘉善木业起步阶段,以引进中兴木业为开篇,以中兴木业这一母体裂变出众多胶合板厂为继续,率先拉开了嘉善发展开放型经济的帷幕,整个木业初现雏形。1997—2002年为全面发展阶段,这一阶段木业企业如雨后春笋般全面兴起,特别是通过实施企业创品牌和全面推行低甲醛行动,为"嘉善板"质量的提升和嘉善木业进入发展快车道奠定了基础。2002年以来为提升阶段,以延长产业链、提升产业层次为目标,产业链重心由胶合板转向家具,开始从"胶合板时代"走向"家具时代"。

截至2018年,嘉善县拥有木业家具生产型企业216家,其中规模以上企业104家,高新技术企业19家,省科技型中小企业41家,年产值超过200亿元。2018年1月,嘉善木业家具(智能家居)产业创新服务综合体列入省级培育名单。该综合体是以"互联网+全屋定制智造工厂"为核心、以提升嘉善木业家具产业为目标的创新公共服务平台。通过政府引导,企业为主,科研院所、行业协会及专业机

---

① 黄慧仙,曾福泉,袁玲玲,等. 浙江产业创新服务综合体初显成效[N]. 浙江日报,2019-04-30.

构共同参与，该综合体更多集聚创新资源、更强激活创新要素、更快转化创新成果、更好补齐创业短板，积极打造以线下综合体为承载、智能化生产为基础、线上云平台为纽带、订单交易为驱动的木业家具（智能家居）产业垂直创新链。目前，嘉善木业家具（智能家居）产业创新服务综合体建设有家居创新设计中心、家居技术创新服务中心、"家居数字化工厂"应用中心、数字化供应链产销中心四大功能性平台，为全县木业家具类企业提供优质服务。

第四篇 机制研究

第十一章 科技体制改革

浙江省较早实行技术要素参与收益分配，并通过市场来配置科技资源，在科技体制改革方面取得了一定成绩。在新时期，浙江省要以数字化改革为契机，深化放权赋能，不断激发科技创新活力。

一、浙江科技体制改革的演进

(一) 技术要素参与收益分配

为推动高校院所创新资源向企业扩散，1998年，浙江制定出台《浙江省鼓励技术要素参与收益分配的若干规定》，在全国率先实行技术要素参与股权和收益分配政策，明确技术含量特别高的技术入股可突破35%的限制，由合资方自行约定，职务发明成果的技术入股要划出不低于20%的股份给成果主要完成者。同时明确规定高校、科研院所科技人员，在完成本职工作和不侵犯本单位利益的前提下，可领办创办科技型企业。2002年以来，技术要素参与收益分配和鼓励高校教师、科研人员兼职领办创办科技企业的政策在全省企业和技术开发类院所改制中继续得到了较好的落实，吸引了一大批科技人员活跃在企业一线，促进了高校院所的研发优势、人才优势转化为企业的创新优势、市场优势，产生了一批教授级董事长、博导型总经理，涌现了像贝达药业、聚光科技、浙大网新等由科技人员领头创办的企业，成为产学研合作的成功典范，有力推动了高校院所创新资源向企业的扩散。依托浙江大学综合应用学科优势组建的浙大网新科技股份有限公司自2001年成立以来发展迅速，经过短短十余年时间便发展成为国内最大的IT服务提供商和服务外包商之一，多年入选中国电子信息百强及中国软件业务收入百强企业。2013年公司销售收入达51.8亿元，拥有员工5000多名。

为进一步完善技术要素参与股权投资和收益分配机制，支持科技人员到企业转化职务创新成果，2012年浙江出台《关于进一步支持企业技术创新加快科技成果产业化的若干意见》，规定高校、科研院所取得的具有实用价值的职务创新成果，在符合相关约定的前提下，创新成果完成人可以根据与本单位的协议或者经本单位同意，进行创新成果转化，依法或者依协议享受权益。该意见的颁布实施，进一步确立了企业作为技术创新主体的鲜明导向，推动科技与经济紧密结合。

（二）市场化配置科技资源

浙江省坚持以开放的思路、市场的办法集聚和配置科技资源，加快区域科技创新体系建设，积极探索有效的途径和办法，加强区域特色产业共性技术、关键技术的联合攻关，不断提升区域特色经济的产业层次。

1. 做大做强浙江网上技术市场，市场化配置国内外优质科技资源

近年来，浙江省坚持把完善技术市场作为促进科技资源市场化配置的核心举措，健全技术转移转化机制，推进技术产权化、成果资本化、转让市场化、交易网商化。为破解企业需要技术却苦于跨不进高校、科研院所的大门，高校、科研院所拥有技术却难以找到"婆家"的难题，2002年11月，由浙江省政府、科技部、国家知识产权局共同举办，浙江省科技厅联合全省11个市政府承办的中国浙江网上技术市场正式投入运行。习近平同志在浙期间一直关注着网上技术市场的建设工作。浙江省按照习近平同志的指示精神，坚持"政府推动、企业主体、院所依托、市场运作、综合集成、上下联动、共建共享"的原则，完善管理制度，拓展市场功能，优化发展环境，努力把网上技术市场建设成为立足浙江、服务全国、走向世界的大市场，充分利用全国的创新资源为浙江服务。2005年，网上技术市场的主办单位中进一步加入中国科学院和中国工程院，使中国浙江网上技术市场的规模更大、影响更广。浙江网上技术市场以企业技术需求拉动全国高校、科研院所和科技人员的技术供给，为产学研各类创新主体加强合作与联合攻关搭建了交流、交易的平台，并成为浙江企业市场化配置国内外优质科技资源的有效载体，为打造浙江经济升级版提供了有力的科技支撑。这个国内首个由地方政府主导培育、面向全国的网上技术市场，在长三角地区乃至全国已颇具影响力，目前已成为国内资源集聚最多、技术交易最活跃、绩效最明显的网上技术市场之一。而今浙江计划通过五年的专项培育，将其逐步建设成为集聚各类市场主体最多、技术交易规模最大、交易机制最完善的技术市场和技术转移、成果转化产业化的重要平台，成为集聚科技成果的"洼地"、科技成果交易的品牌"高地"和科技成果产业化提速的"快地"。

2. 深化科研院所体制改革，推动形成以市场需求为导向的科技创新机制

早在1998年，浙江省就在全国率先开展了科研院所体制改革。2000年又出台《浙江省全面推进科研院所体制改革实施意见》（浙政〔2000〕1号），对48家省属院所进行结构调整，调整后省属院所为37家。在此基础上，对37家省属院所进行分类改革。在随后的数年间，浙江省围绕集成科技资源、增强科研院所支撑经济社会发展的能力不断探索实践。继续推动具有部分面向市场能力的社会公益类科研院所实行"一院（所）两制"，不断深化人事分配制度改革，实行全员聘任制、合同制和首席科学家制度等；深化开发类科研院所产权制度改革，实行技术入股、个人持股、社会参股，努力推动其发展成为具有持续创新能力的高新技术企业和行业技术创新平台；转制为企业或进入企业的科研院所，其享受的税收优惠政策可延长至2007年，或享受从转制注册之日起免征7年税收的优惠政策。通过突出机制转换和体制创新，把具有面向市场能力的科研院所加快推向了市场，推向了经济建设主战场。全省科研院所通过转制为企业、进入企业和"一院两制"等方式向企业化转制，成为市场竞争的主体，以市场需求为导向的科技创新机制逐步形成。与此同时，加快科研院所结构调整，鼓励强院强所兼并相关院所或实行"强强联合"，鼓励企业参股、控股科研院所，实现优势互补。企业整体收购生产经营类国有科研院所的资金投入，在完成人员劳动关系转换、处置历史包袱等前提下，经同级政府批准，其剩余部分可全部或部分作为该科研院所的研发资金。截至2020年，全省有15家开发类院所和3家公益类院所完成了企业转制，并通过技术入股、个人持股、社会参股等方式进行了产权制度改革，其中，1家国有全资，14家国有控股或参股，2家已经上市。19家省属公益类院所中有3家进入高校，其他院所按照"一所（院）两制"的改革目标，逐渐从单纯开展科学研究向开展科研和提供公共服务转变，部分院所形成了科学研究主体和科技服务实体协同发展、优势互补的局面。省属院所在科技创新能力提升、服务经济社会、支撑科技创新发展等方面取得了明显成效，为全省的技术进步和经济社会发展做出了积极贡献。

在科研院所体制机制的改革过程中，科技成果的处置权和收益权是关键。2014年浙江出台《关于省级事业单位科技成果处置权收益权改革有关问题的通知》，实现了科研成果处置权全权下放给事业单位、以备案制简化科研成果处置程序等突破，扩大了浙江高校、科研院所等事业单位的成果转化处置权限，打破了无形资产等同于有形资产的国有资产管理模式，允许事业单位进行科研成果转让、许可和对外投资，且科研人员所获奖励不纳入绩效工资总额。这极大地激发了科研人员创新创业的积极性，受到高校院所科研人员的普遍欢迎。

（三）科技放权赋能

进入新时期，浙江省以"最多跑一次"改革和数字化改革为契机，深化放权赋能，不断激发科技创新活力。

1. 深化放权赋能，激发科技改革新活力

深化科技领域"最多跑一次"改革，不断完善"科技大脑"服务体系，省科技厅厅本级56个事项网办率、掌办率等5项指标领跑全国。加快放权赋能改革，项目申报材料精简1/3，评审时间压缩1/3，省级科技计划整合压缩30%；项目负责人实现技术路线选择、团队组建、直接经费安排"3个完全自主"。[1] 狠抓科技人才赋能改革，制定赋予科研自主权等政策，实行代表作制度，试点"包干制"，赋予科研人员职务科技成果所有权和不低于10年的长期使用权。2019年，入选科技部科技创新创业人才数居全国第一。狠抓科技奖励制度改革，修订省科学技术奖励办法，推动设立浙江科技大奖，实行提名制。

2. 用好倒逼机制，抢抓科技改革新机遇

开展疫情防控应急科研攻关，第一时间启动疫情应急专项，建立滚动淘汰"赛马"机制，协调组建攻关联合体，推动2款核酸检测产品获批注册，在救治、药物、疫苗等方面取得重要阶段性成果。构建关键核心技术攻关和进口替代科研组织机制，迭代梳理产业链断供和进口替代清单，实行"揭榜挂帅"。截至2020年6月，实施325项重大项目，形成61项自主可控进口替代成果，80多个项目被纳入国家关键核心技术攻关方案。完善科技"三服务"机制，开展"双百"专项行动。截至2020年6月，116个服务小组携手163家综合体解决企业难题530个；省科技厅机关5支党员服务先锋队精准服务应急攻关项目组，解决难题89个；组织全球科技合作"云对接""云签约"，帮助195家企业引进234名外国专家。[2]

---

[1]科技创新赋能高质量发展 我省率先迈入创新型省份行列［N］.浙江日报，2021-01-21.
[2]何杏仁.谋新篇 补短板 激活力 抢机遇 推动科技体制改革取得更大成效［N］.浙江日报，2020-07-07.

二、探索新型举国体制

习近平总书记强调,"要完善关键核心技术攻关的新型举国体制"①。所谓新型举国体制,是一项集中全国各方面人力、物力、财力,以国家发展和国家利益为根本旨归,以攻克某项重大项目或完成某项重要任务为主要目标,以实现突破性发展和跨越式进步为外在表现的独特体制,对全面建设社会主义现代化国家具有重要意义。

(一)新型举国体制的主要特征

举国体制,顾名思义,就是国家利用各种行政手段和政策法规,举全国、全社会之人力、财力、物力和各种社会资源去达成某一特定目标的工作体系和运行机制,它深刻体现了"集中力量办大事"的原则和思想。我国新型举国体制不仅继承了传统举国体制的优点,而且更充分体现了时代特点。②

1. 新型举国体制是有效市场和有为政府的有机结合

新型举国体制不仅需要有为政府,也要求有效市场。有效市场和有为政府有机结合,这是新型举国体制中最重要的"新型"表现。随着中国经济发展进入新常态、中国特色社会主义进入新时代,市场在资源配置中的作用越来越重要,理顺举国体制中市场与政府的关系和作用成为重中之重。在新型举国体制的推行过程中,一方面,政府要积极推进职能转变并深化自身改革,真正做到简政放权。同时,更好地发挥统筹协调的宏观调控作用,综合利用各种法律法规、产业政策、财税手段等,调动和激发各参与主体的积极性和创造力,形成全社会、多部门跨领域多元参与、协同作战的局面,真正凝聚起新型举国体制攻坚克难所需的人力、财力、物力和各项资源。另一方面,市

---

①新华社. 习近平在北京考察新冠肺炎防控科研攻关工作 [N]. 人民日报, 2020-03-02.

②黄寿峰. 准确把握新型举国体制的六个本质特征 [J]. 国家治理, 2020 (42): 7-10.

场要更为有效,各部门各组织就要不断完善市场运行机制、信息沟通机制、利益分配机制、进入与退出机制,鼓励良性竞争、打破行业垄断、打击地方保护,保护企业等参与创新主体的合法权益,努力提高资源配置的效率和竞争力,真正使市场在资源配置中起决定性作用,最终形成有效市场和有为政府有机统一、相互补充、相互协调、相互促进的格局。

2. 新型举国体制以基本实现国家治理体系和治理能力现代化为前提

当前正处于实现中华民族伟大复兴的关键时期,正开启全面建设社会主义现代化国家新征程,为化解人民日益增长的美好生活需要和不平衡不充分的发展之间的矛盾,实现社会主义现代化的远景目标,国家治理体系和治理能力现代化的基本实现是关键。这客观上要求我国利用新型举国体制,统筹发展和安全,健全中国特色社会主义法治体系,完善国家行政体系,不断推进改革、扩大开放,完善国家治理体系,提升国家治理、社会治理特别是基层治理水平,积极参与全球治理,构建人类命运共同体,把我国社会主义制度的优越性更好地转化为国家治理效能,促进国家治理效能的新提升,最终实现国家治理体系和治理能力的现代化。

3. 新型举国体制更加具备全球化特征

随着经济全球化的发展,各国之间的经济往来和联系越来越紧密,企业跨国生产链、全球价值链逐渐稳固。经济全球化是不可阻挡的大趋势。然而,近年来,国际环境发生剧烈变革,不稳定性、不确定性明显增加,单边主义、保护主义和霸权主义逐渐抬头,经济全球化遭遇逆流和挑战,反全球化浪潮不断涌起,特别是在这次新冠肺炎疫情的影响下,国际形势愈加错综复杂。在新发展阶段,新型举国体制要更加凸显全球化特征,不仅要重视国内市场,也要重视国际市场;不仅要重视自主创新,也要重视开放创新,从而更好地实现国内国际市场的融合,以及自主创新和开放创新的协同。

4. 新型举国体制更加重视科技创新和核心技术攻关

当前,各国在各个领域展开了各种不同形式的竞争,其中科技创新能力的竞争更是日趋激烈。随着中华民族伟大复兴踏上新征程,西方国家对我国的技术封锁不断加强,对我国高新技术企业的无端打压不断增加。这也从侧面反映了我国科技创新已取得了长足进步,新发展阶段应继续保持这一良好势头,加快核心关键技术攻关,更好地应对外部环境考验。新型举国体制是补齐国家重大技术短板、推进重大项目工程、实现核心关键技术顺利攻关的最大法宝。

5. 新型举国体制以维护国家安全为最高目标

2020年年初,面对新冠肺炎疫情,以习近平同志为核心的党中央全面动员、全面部署,坚持全国一盘棋,运用新型举国体制,在极大程度上遏制了疫情蔓延势头。面对日趋复杂多变的国际环境,以及不稳定性、不确定性明显增加的新形势,如何夯实我国的综合国力,增强抵御各种风险挑战的能力,防范和化解影响我国现代化进程的各种风险,筑牢国家安全屏障,便成为新发展阶段构建新型举国体制的应有之义和最高目标。[①]

(二)浙江探索新型举国体制的政策建议

应将新型举国体制和市场机制相结合,在聚焦国家重大战略需求、高效配置资源的同时,注意维护和激发各类创新主体的活力,充分发挥市场在资源配置中的决定性作用。应持续抓好重大专项建设。既要有短期急需的攻关项目,又应有长期发展的战略布局;既要在应用性关键核心技术项目出成果,又要在战略性基础理论研究,特别是可能出现革命性突破的基本科学问题上攻难关。应针对不同的应用领域分类施策,具体如下:

第一,针对产业共性技术,要发挥政府的主导作用,体系部署、大力攻关。共性技术具有"准公共品"的特性,需要充分发挥政府的

[①] 黄寿峰. 准确把握新型举国体制的六个本质特征 [J]. 国家治理, 2020 (42): 7-10.

主导作用。一是整合现有资源，建设共性技术创新研究院，加快构建网络化的产业共性技术创新体系。二是设立产业共性技术创新基金，集中支持重大关键共性技术创新活动。三是设立产业共性技术创新基金委员会，强化政府层面对共性技术创新的统筹协调。

第二，针对重大装备（软件）等产业短板，围绕龙头企业构建创新生态，以生态促应用，以应用带技术。浙江省的民营企业富有活力、潜力巨大，在市场机制推动下具有强烈的技术创新意向和需要，越来越多的民营企业已经成为行业翘楚、真正的"巨无霸"，技术水平在国内甚至国际领先，并具有良好的技术创新机制和环境条件。要破除民营企业参与关键领域核心技术创新攻关的"隔离墙""玻璃门"，充分发挥民营企业的特殊优势和重要作用。一是让企业挑大梁，充分发挥企业在研究开发和投入中的主体作用，以重大装备的研究开发作为企业技术创新的切入点，政府的引导性投入主要用于关键核心技术的攻关。二是围绕龙头企业，构建创新生态，将创新链和产业链一起打造，以应用带动装备（系统），以产业链的下游环节检验上游环节的技术与产品。三是出台专项政策支持首台套的应用，为创新成果的迭代使用提供保障和支撑。

第三，针对国家的重大战略需求，将重大科技项目的实施和国家（省）实验室建设相结合。一是让浙江省实验室承担重大科技项目，充分发挥实验室在战略制定、项目管理、科技力量组织、体制机制创新等方面的作用，从而更加有效地聚集研究团队，完善创新链条，做实实验室。二是对一些重大科技项目可专门设立省实验室，在确立实验室战略目标、定位后，对其提供稳定的经费，支持其在战略领域上整合力量、凝练方向，进行持之以恒的积累，以提高自主创新能力，更好地服务于战略目标。

三、实施科技项目"揭榜制"

"揭榜制"是指针对目标明确的科技难题和关键核心技术攻关，设立项目或奖金向社会公开张榜征集创新性科技成果的一种制度安排。

（一）"揭榜制"项目组织管理模式的特点

"揭榜制"项目组织管理模式具有目的明确、目标清晰、针对性强等特点，适用于解决国家或省（市）重点领域关键核心技术攻关与产业发展急需重大科技成果研发等问题，包括解决政府关注的重点科技问题、企业所需关键技术问题、研究机构重大科技成果转化问题等（见表11-1）。"揭榜制"项目组织管理模式能够为企业解决关键技术难题或研究机构成果转化提供良好的沟通交流平台与规范的组织保障体系，使研究机构与企业之间的合作更有保障、更可持续、更成系统，推动构建"政产学研用"深度融合的协同创新机制。同时，也更易于政府组织多方协同攻关，统筹社会各界智慧，以最大限度、最快速度集中优势力量解决重点科学问题与关键技术难题，发挥"集中力量办大事、集中目标齐攻关"的制度优势，提升科技创新解决重大战略问题、促进高质量发展与服务民生福祉的成效。

表11-1 "揭榜制"与传统科技计划组织管理模式对比

对比项	传统组织模式	"揭榜制"
适用项目类型	普通科技项目	重点领域关键核心技术攻关项目、产业发展急需技术攻关项目等
项目目的与目标	目的较分散，目标较宽泛，针对性与结果导向性不十分强	目的明确，目标清晰，针对性与结果导向性强
项目主体范围	面向省（市）内研究机构、企业等	技术需求、成果转化面向省（市）内企业；技术解决、转化需求面向全国研究机构
解决问题	较单一，多为解决政府关注的科技问题	解决政府关注的重点科技问题，解决企业所需关键技术问题，解决研究机构重大科技成果转化问题
成果应用	一般不易直接实现应用	多可直接实现应用或产业化
资金支持	一般为政府投入	企业、社会、政府等多方投入

续表

对比项	传统组织模式	"揭榜制"
科技主管部门作用	偏于项目组织与过程管理	除项目管理外,更多地提供沟通交流平台与政策机制保障
总体评价	更适用于解决探索性、创新性、长期性的科技问题	更易于统筹资源集中力量解决重点与关键问题,实现多方协同攻关,集中力量办大事

(二)科技项目"揭榜制"的国内做法

我国有很多通过科技悬赏形式来解决科技发展难题的案例。例如,2013年我国国家安全监管总局组织开展了安全生产重大事故防治关键技术科技项目征集工作;2013年武汉市政府悬赏1000万元公开征集智慧城市顶层设计方案等;上海市科委积极探索实行"揭榜挂帅"项目组织管理方式,2020年相继发布《关于强化科技应急响应机制实现科技支撑疫情防控的通知》《关于发布2020年度科技攻关"揭榜挂帅"项目指南的通知》,针对相关科研攻关任务,凝练悬赏标的,向社会发榜公布,征集揭榜方,并择优进行支持,预计将取得良好成效。

此外,广东、浙江、江苏、湖北、山东、山西、云南、重庆等相关省市也在探索实施科技攻关项目"揭榜制"。深圳市也有称为"揭榜奖励制"的做法,并通过"揭榜奖励制"组织管理"新型冠状病毒感染的肺炎疫情应急防治"应急科研攻关项目。

工信部曾在2018年年底发布《新一代人工智能产业创新重点任务揭榜工作方案》,对涉及智能产品、核心基础、智能制造关键技术装备、支撑体系等4大方向的17个细分领域进行张榜,旨在通过"揭榜制",征集并遴选一批单位集中攻关,加快推动我国新一代人工智能产业创新发展。揭榜单位集中力量开展创新攻关,工信部和推荐单位给予重点推广和支持。截至2019年,全国共有1248家单位参评，最终产生137家揭榜单位、66家潜力单位，参与度很高，预期会产生较好的成效。①

（三）浙江省完善"揭榜制"的政策建议

浙江省已经开始实施关键技术攻关"揭榜制"。如何进一步完善科技项目"揭榜制"，有以下几点建议。

1. "揭榜制"项目分为两类

一是技术攻关类。主要由浙江省龙头、骨干企业提出技术难题或重大需求，在商报科技主管部门发榜后，由高校、科研机构、科技型中小企业或其组织的联合体进行揭榜攻关。二是成果转化类。主要针对浙江省高校、科研机构、科技型中小企业等拥有的已经比较成熟的且符合区域产业发展需求的重大科技成果，在商报科技主管部门发榜后，组织有技术需求和应用场景的企业进行揭榜转化。

2. "揭榜制"项目应聚焦关键核心技术和急需的重大科技成果

"揭榜制"项目应聚焦浙江省重点领域关键核心技术和产业发展急需的重大科技成果，重点瞄准以下主攻方向：数字经济、生命健康、新材料、高端装备制造、海洋经济、低碳技术、现代种业和精准农业、现代工程技术等。

3. "揭榜制"项目以企业和社会投入为主，财政资金适当资助

"揭榜制"项目以企业和社会投入为主，省市财政资金给予适当资助（财政资金拟给予项目投入总额20%的资金支持，对单个项目的财政资助额度最多不超过2000万元）。要求项目投入总额不低于1000万元，实施周期不超过3年。

"揭榜挂帅"项目突出最终用户的作用，在管理体系方面以"清单式"管理为核心，及时叫停实施不力的任务；在责任体系方面以"军令状"制度为核心，确保目标按时完成；在政策体系方面以激发创新主体活力为核心，着力提升项目实施绩效。

---

①毛朝梁，鹿艺．科研计划项目"揭榜制"国内外做法与启示［J］．科技发展研究，2020（5）：35-38．

第十二章　科技金融服务推进机制

目前，科技金融对科技创新发展的重要作用日益凸显。本章以创业投资机制和知识产权金融服务为例，分析科技金融服务推进机制对浙江高水平创新型省份建设的作用。

一、完善创业投资机制

创业投资（简称创投）是优化资本配置、支持实体经济、促进经济结构调整的重要投资方式，是多层次金融体系和资本市场的重要组成部分。浙江省的创投业始于1993年，目前，浙江省已经涌现了一批规模较大、国内知名的创投企业，对浙江省经济发展和转型升级起到了较大的推动作用。杭州市也正是因为以创业投资为核心的创新创业生态系统的日益完善，而超越上海市、广州市成为与北京市、深圳市并列的三大创新创业高地。但是，与国外发达国家和地区相比，浙江省创投行业目前仍然处于初级发展阶段；与国内先进省市相比，也有一定差距。

新冠肺炎疫情发生以来，消费产品和服务、物流与交通运输、文化及娱乐传媒、制造等领域的投资受到了巨大冲击。当前浙江省创业投资出现节奏放缓、募资停摆等问题，不利于浙江省经济稳定发展，推进创业投资持续健康发展迫在眉睫。我们通过发放问卷调研了浙江省69家创业投资机构，分析了新冠肺炎疫情对创业投资的影响，并提出对策建议。[①]

[①] 本次调研是受浙江省创业投资协会委托所开展的。感谢协会邱飞章副会长和顾斌秘书长的支持，感谢课题合作者中共浙江省委党校潘家栋副教授的帮助。

（一）新冠肺炎疫情对浙江省创业投资的影响

从调研结果来看，69家创投机构全部认为新冠肺炎疫情对创业投资具有影响，且70%以上的创投机构认为影响很大，主要表现在以下方面。

1. 新冠肺炎疫情影响创业投资"募投管退"等各个阶段

所调研的69家创投机构中，超过60%的机构认为新冠肺炎疫情影响创业投资"募投管退"的所有阶段，具体表现为：由于宏观经济遭受影响，资金募集等存在困难；影响日常出差、项目考察和尽职调查等，影响新的投资展开；无法对企业进行直接管理及提供面对面的增值服务；部分投资企业经营出现困难，增长速度放缓。调查结果还反映：对于国有或政府主导的创投机构而言，影响最大的是管理阶段；对于民营创投机构而言，影响最大的是募资阶段。

2. 创投机构普遍认为新冠肺炎疫情的影响将持续一年

从调研结果来看，超过86%的创投机构认为新冠肺炎疫情影响的持续时间将为一年，其中接近40%的机构认为影响会持续一年半，也有5家创投机构认为影响会持续两年甚至更长时间。即便如此，创投机构也认为不会减少当年的投资计划。从已投资的项目来看，新冠肺炎疫情还是产生了一定影响，且主要集中在消费产品、制造、影视、餐饮和线下消费零售等产业。

3. 创投机构采取积极措施应对新冠肺炎疫情所带来的消极影响

一是坚持长期投资，深耕行业，回归实体投资和价值投资，包括加强对储备项目的线上指导、提高专业化投资水平等。67%的创投机构认为在疫情期间及之后主动承担相应的企业社会责任，提高品牌的社会认知度具有重要意义。二是提升投后管理能力。提供有力有效的投后增值服务，帮助陷入困境的企业调整战略、克服困难，通过对接资源、争取政策支持等协助企业渡过难关。三是加强同行业间、跨行业交流与合作。80%的创投机构认为需要加强与银行业、保险业的交流，以股权和债权结合的方式，使中小微企业渡过现金流难关等。

4. 新冠肺炎疫情也催生一些投资新机会

不少创投机构反映新冠肺炎疫情对所投资的影视企业带来了死亡风险，但疫情之后也存在不少机遇。一是经历疫情的企业抗风险能力大大增强，意味着创投机构所投资的企业具有很强的生命力，后续发展可期。二是疫情将会催生一大批潜在的投资项目，尤其是医疗健康项目（如生物制药、医疗设备、疫苗研发等）、线上项目（如在线办公、在线教育、在线娱乐等）、核心技术项目（生命科学、AI、大数据、5G等）以及新基建项目，值得密切关注。

（二）当前浙江省创业投资发展存在的问题

1. 工商注册限制是首要难题

问卷调查中创投机构普遍反映注册限制已成为创投企业发展面临的最大难题。在互联网金融风险专项整治期间，浙江省创业投资注册存在限制，切断了创投机构的资金来源，不利于创业投资规模壮大，无法新注册登记投资基金成为创投机构目前面临的首要难题。现阶段，浙江省明确了"股权投资""股权投资基金"两类字样的从事股权投资业务的企业的注册登记工作[1]，但实际操作中仍未放开创投机构的注册登记，注册前需要地方政府相关部门的审批已成为常态，导致创投资金来源受限，创业投资服务实体经济的功能得不到充分发挥。

2. 市场监管方面现有规定不利于创投企业的发展

一是股权变更需要前置审批和强制评估。创投资金投资回收周期长，投资期间一般都会发生创投企业内部股权变更和转让，目前转让的变更需要地方相关部门等前置审批，手续繁杂。涉及个人股权变动时还要进行评估，造成成本加高、流动困难，而且创投企业股权的价值也较难准确评估。二是合伙企业的份额转让不够顺畅。省内合伙企

---

[1] 2019年1月浙江省互联网金融风险专项整治办下发《关于互联网金融风险专项整治期间涉及有关企业工商注册登记、网站备案和电信业务许可等事项的指导意见》（浙整治办〔2018〕9号），明确了"股权投资""股权投资基金"两类字样的从事股权投资业务的企业的注册登记工作。

业的出资份额转让，只能按入伙、退伙形式，不能转让其出资份额，增加了合伙制创投企业出资份额流动的难度。三是创投减资中名称变更存在限制。目前，创投企业一般只做一轮投资，创投从项目退出收回资金后，一般通过减资方式归还出资人本金，减资中会不断涉及名称变化。

3. 创投企业及其管理公司备案问题突出

一是备案监管部门协调有待加强。基金业协会的备案应与市场监管、银监、地方金融部门的充分协调，避免重复甚至出现因协调不够而使企业花大力气协调的事。二是备案手续仍旧不够简化精准。创业投资对浙江省新经济的发展、对传统企业的转型升级作用巨大，但发展中遇到的问题也越来越多，不少问题已阻碍了创业投资的发展。针对创投、股投企业的特点，备案、监管应更加精准、科学化，但由于违规企业的出现，目前备案、监管趋势是以繁代简。

4. 现有税收政策不利于创投类合伙企业的发展

一是现有税制安排不适应创投企业的发展。创投类合伙企业是2010年才开始出现的新生事物，但却沿用老的小型个体工商户税制，将早期针对个体工商户等小型一般合伙企业的纳税标准简单地照搬为创投类合伙企业的纳税依据，存在明显的不适应。由于创投类合伙企业资金量较大，实际纳税水平为35%，公司制创投企业个人投资者所得税甚至达到40%，远远高出了个人投资者20%的纳税标准。二是按年核定税收，合伙类创投企业无法通过分散投资规避风险。创投行业的特点是高风险、高收益，意味着有些项目可能取得高收益，而有些项目可能亏本，甚至"血本无归"。现行纳税制度要求合伙企业按年度来核定税收，但由于项目退出时间不一致，造成赚的项目全额纳税，而亏损的项目无法在税前弥补，不利于创投企业通过分散投资、总体核算达到以收益抵亏损的目标。

（三）完善创业投资机制的对策建议

调研结果反映政府现行的支持政策普遍有效，但新冠肺炎疫情冲击下，创投机构非常需要扶持政策。

1. 完善创投机构注册制度

认真落实《关于互联网金融风险专项整治期间涉及有关企业工商注册登记、网站备案和电信业务许可等事项的指导意见》（浙整治办〔2018〕9号），明确创业投资与P2P等互联网金融的差别，将创投机构注册纳入从事股权投资业务企业的注册登记范畴，激活创业投资发展的潜力。

2. 扩大引导基金规模，充分发挥政府引导基金的作用

一是进一步扩大引导基金规模，鼓励金融公司、保险公司、证券公司、国有企业投资创投基金。相较于北京市、上海市、深圳市等创投发达区域，浙江省创投引导基金规模相对较小。建议扩大引导基金规模，提高引导基金在下级子基金中的比例，促进浙江省创投产业发展。二是抓紧落实政府引导基金投资，及时向下属基金完成出资，不因疫情耽误基金对企业的正常投资。同时，探索政府引导基金直接投资项目、放松引导基金管理人员的约束与激励等问题的破解路径，更好地发挥政府引导基金的作用。三是通过政府引导基金支持创投机构积极为企业提供应急资金。对于企业申请低息过桥贷款，鼓励创投机构在条件允许的情况下积极帮助企业渡过资金难关，政府投入相应的引导基金来进行帮助，发挥创投资本稳定经济的积极作用。

3. 加大税收优惠力度，减轻创投机构的成本负担

一是减免创投机构疫情期间的税收，或者适当给予财政补助，帮助投资者建立信心。鼓励创投机构帮扶企业，对于疫情期间创投机构帮助企业低息过桥借贷的资金，建议在缴纳税收时给予相应的抵扣。二是延长税收优惠的期限。创投机构所投资项目在疫情期间出现经营困难的，建议对该项目从获利年度起征税，确保创投机构不在疫情期间从企业退出投资，促使创投机构进行长期投资。三是适当加大投资者个人所得税返还力度，保证创投机构能够募集到资金，推进创投机构持续稳定发展。

4. 简化股权转让流程

在合法、合规的前提下，建议浙江省对不同所有制出资主体的创业投资基金，在其退出被投项目时，其评估定价、出让手续要按照委托和投资协议执行，以方便创投机构退出。例如，对国有控股创业投资企业投资项目的评估管理中，企业投资项目可采取估值报告方式，资产评估报告或估值报告可实行事后备案；在投资时已约定退出价格的，可按约定价格退出，不再进行评估。对于内部股权转让，基于创投资本的运作规律，一般情况下内部股权转让并没有使总税源流失，可以允许股权买卖双方商定买卖价格，减少评估等不必要环节，让市场成为交易价格的决定因素。

5. 设立创投机构白名单，优化登记备案与工商注册手续

一是由证监、地方金融监管、创投协会等部门牵头共同设立创业投资机构白名单，在登记备案、工商注册等方面简化手续。加快创投企业登记和备案流程，简化基金注册、备案手续，提供更便利的注册渠道。二是对于新备案的基金，可以采用线上（如电子签字）的审核方式。建议对各类合规性检查，如报表申报等进行适当顺延。

二、完善区域知识产权金融服务推进机制[①]

构建知识产权金融服务体系是推动科技与金融结合的有效举措，也是强化知识产权创造、保护、运用的重要手段。

浙江省知识产权金融服务工作走在全国前列。浙江省2020年专利质押融资金额达401.07亿元，同比增长132.29%，位居全国第一。"十三五"期间，浙江省专利质押金额达到775.46亿元，质押专利

---

①本部分为浙江省软科学重点项目"完善区域知识产权金融服务推进机制的对策研究"（编号：2016C25060）的研究成果。感谢课题合作者中共浙江省委党校孙雪芬副教授与杭州市住房保障和房产管理局范国强的帮助。

13903件,完成专利质押登记合同3427项,惠及科技型中小企业3181家。[①] 根据人保财险精算部(产品开发部)的统计,浙江省专利保险保费规模居全国第三位。我们于2017年对浙江省相关科技企业、金融机构、评估机构等进行了问卷调研,并与杭州、宁波、温州、湖州、嘉兴等地知识产权金融主管部门一起召开了多次座谈会。根据调研结果,我们梳理了目前浙江省知识产权金融服务发展的情况,并提出了完善建议。

(一)浙江省知识产权金融服务发展的特点

1. 参与知识产权质押贷款的银行主要采取科技支行模式和商业银行参与模式

近年来,浙江省银企在各地政府的大力推动下开展了知识产权质押贷款业务。目前参与知识产权质押贷款的银行主要采取两种模式:一是科技支行模式。这一模式是由银企专门成立科技支行,政府与科技支行合作推进知识产权质押贷款业务,典型的是杭州银行科技支行、湖州银行科技支行、中国农业银行科创支行。二是商业银行参与模式。目前杭州市开办知识产权质押贷款业务的金融机构已有包括温州银行、民生银行、交通银行、中国银行在内的10余家银行,涉及30多个业务办理行。

2. 知识产权评估主要有银行自行评估和与第三方评估机构合作评估两种方式

在进行知识产权贷款的过程中,针对专利和商标价值的评估,有银行自行评估和与第三方评估机构合作评估两种方式。前者是银行设立专门的事业部或者科技支行,针对知识产权融资工作,自行对企业的知识产权进行评估。关于后者,目前在浙江省开展知识产权评估业务的第三方评估机构有北京连城资产评估公司、北京东鹏资产评估公司等国内知名评估企业,也有浙江武林资产评估公司、嘉兴市源丰资

[①] 冯飞,沈方英. 浙江2020年专利质押融资金额达401.07亿元,位居全国第一[EB/OL]. 中国知识产权资讯网,2021-01-20.

产评估公司等本地企业。评估机构为降低自身评估风险，也会与保险公司合作，实际上形成了"银行+知识产权质押+评估公司+保险公司"的知识产权金融评估模式。

3. 大多数银行逐步引入第三方担保机构，形成风险分担机制

知识产权质押融资包括有担保与无担保两种模式。一般情况下，对于经营和信誉良好、专利价值易判断且能够产生稳定现金流的企业，为使手续简单、快捷，银行会采取无担保模式放贷；对于风险较大的企业，则会采取"银行+知识产权质押+担保（或抵押）"的融资模式，通过引入担保公司（或抵押）来降低银行风险。大多数银行逐渐引入第三方担保机构，形成风险分担机制。第三方担保机构多是在本地政府的推动下建立的，典型的有浙江瑞豪融资担保公司、杭州高科技担保有限公司。除了担保公司的参与，保险公司也在与银行和担保机构合作参与知识产权质押融资，尝试形成"银行+知识产权质押+担保（或抵押）+保险公司"的模式。

（二）浙江省推进知识产权金融服务工作的主要政策

浙江省知识产权金融服务工作起步较早，早在2009年1月，中国人民银行杭州中心支行、省科技厅、知识产权局就联合下发《浙江省专利权质押贷款管理办法》，对开展专利权质押融资工作进行了顶层设计。2013年，省知识产权局联合省科技厅发布了《关于开展专利保险试点工作的指导意见》。2015年，省知识产权局联合省科技厅、省财政厅、中国人民银行杭州中心支行、省保监局、省银监局下发《关于进一步加快推动专利权质押融资工作发展的若干意见》。2017年，浙江省知识产权局发布《关于进一步推进专利权质押融资和专利保险工作的通知》。

在省科技厅、知识产权局政策的带动下，宁波、温州、台州、绍兴、湖州等地从地方实际出发，也相继研究制定了有关专利权质押贷款的政策文件和保障措施，积极探索和推动知识产权金融服务工作。

1. 设立专利权质押贷款贴息资金

贴息资金主要用于补助企业以专利权质押方式向银行贷款或以质押形式向担保公司提供反担保而获得银行贷款所支付的利息和专利权质押融资中介机构评估费用。

2. 建立专利保险补偿机制

对参保企业提供保费补助有两种方式：嘉兴等地将专利保险纳入专利券使用范围；而宁波市鄞州区则提供专项拨款，与人保财险公司开展专利保险统保业务，为区内符合条件的高新技术企业投保专利保险。

3. 设立风险池基金

地方政府出资与银行合作设立风险池基金，专门用于包括知识产权质押贷款在内的科技信贷业务，对知识产权质押融资出现风险的提供补偿，从而降低银行和中介机构的风险，促进知识产权质押融资的发展。

4. 建立知识产权金融相关服务中心

这些机构主要有知识产权交易市场、知识产权维权服务中心、科技金融服务中心、专利信息检索平台等。例如，浙江省知识产权交易平台、温州市知识产权交易有限公司、嘉兴市知识产权维权援助中心等。此外，省知识产权局及各试点地区也开展了银企对接等工作，推进知识产权金融服务工作。

在被调查的99家企业中有54家获得知识产权质押贷款，其中52家得到政府扶持。在企业所获政府扶持政策方面，其中43%的企业获得的扶持为贴息资助；质押融资其他费用的支持如利息下降、评估费用支持、税费减免合计占比达31.8%；有19.6%的企业获得银企对接的扶持。可见，政府政策扶持以提供贴息补助、中介费用支持、银企对接等为主。

（三）浙江省推进知识产权金融服务工作存在的主要问题

虽然浙江省知识产权金融服务工作在全国处于前列，但是通过调查发现，该项工作还存在一些问题，亟待解决。

1. 企业对知识产权金融的参与度不高

知识产权金融服务工作在浙江省处于起步阶段，即使是在试点地区，企业对知识产权质押贷款和专利保险的参与度也不是很高。被调查的企业大部分都没有购买专利保险，更有高达60%的企业没有购买专利保险的想法，仅有8.9%的被调查企业认为购买专利保险对专利保护有用。分析其原因，一方面是企业自身开展知识产权质押融资的意愿不强；另一方面是希望获得质押融资的企业在知识产权质押融资过程中，面临评估费用高、担保费用高、办理手续烦琐等问题。

2. 知识产权金融服务模式单一

目前浙江省开展的知识产权金融服务主要是知识产权质押贷款、专利保险，而知识产权证券化、知识产权作价入股等知识产权金融服务新模式涉及较少。调研中发现仅有南浔区开展了知识产权作价入股的相关业务。我国知识产权证券化的实践由于制度和法律的限制，正处于起步阶段，知识产权证券化没有在全省范围内开展也有其客观原因。但是，目前较单一的知识产权金融服务模式不利于拓宽中小企业的融资渠道，难以满足企业的多样需求，也不利于增强知识产权金融市场的活跃性。

3. 知识产权金融服务机制有待健全

（1）风险分担机制不健全。目前与商业性担保机构建立专利质押融资业务合作关系的银行仍然不多，政策性担保机构有待进一步介入专利质押融资。银行机构与保险公司还没有建立专利质押融资业务风险分担机制，保险机制在专利质押融资中的风险分散和保障作用有待增强。

（2）知识产权交易处置机制不健全。浙江省虽然已经建立了科技大市场，但是由于知识产权的特殊性，其价值变现仍存在较大难度和诸多不确定因素。此外，在具体的知识产权质押运用中，出质人出于自身利益考虑，经常会出现许可他人使用其商标专用权、专利权、著作权等情况，势必导致知识产权价值下降，而质权价值的下降必然损害银行的利益，不利于担保债权的实现。

（3）知识产权价值评估机制不完善。知识产权质押最重要的环节是价值评估，但是浙江省目前还缺乏完善的知识产权价值评估制度。现有评估制度可操作性较弱，特别是专利技术、专有技术、商标及著作权等各类知识产权没有各自具体的评估准则。另外，由于银行的知识产权评估专业人员储备不足，而第三方评估机构数量不足，所产生的评估结果认同性较差。

4. 政府支持政策有待进一步完善

（1）知识产权制度和法规不健全，科技型企业成长大环境有待完善。目前，知识产权评定不严格，知识产权质量不高，保护力度不足，社会整体知识产权保护意识不强。知识产权制度和法规的不健全，会降低知识产权金融服务政策的效用。

（2）知识产权评估、交易、导航等配套服务不足。知识产权信息互通平台建设不完善，统一的知识产权登记机关及规范的质押登记查询系统、统一的登记公示程序不健全，专利导航能力不够。配套服务不足使企业申请知识产权质押融资面临繁杂手续，存在高成本、低效率的问题。

（四）完善浙江省知识产权金融服务推进机制的对策建议

借鉴兄弟省市的经验，结合调研企业和金融机构的需求，我们建议从以下几个方面完善浙江省知识产权金融服务推进机制。

1. 完善知识产权出资服务机制

试点市、县知识产权管理部门应积极开展本地区知识产权出资情况调查，了解有关知识产权和企业发展现状，并会同市场监管（工商）等部门建立项目资料库；开展对出资知识产权的评估评价服务，对于出资比例高、金额大的知识产权项目加强跟踪和保护；推广德清经验，将知识产权出资与本地区招商引资工作相结合，加强跨地区优质知识产权项目引进，加快提升地区经济发展质量。

2. 完善知识产权金融风险管理机制

（1）引导和支持各类担保机构为知识产权质押融资提供担保服务，鼓励开展同业担保、供应链担保等业务，探索建立多元化知识产权担保机制。

（2）利用专利执行保险加强质押项目风险保障，开展知识产权质押融资保证保险业务，缓释金融机构风险。

（3）促进银行与投资机构合作，建立投贷联动的服务模式，提升企业融资规模和效率。

（4）借鉴北京市的经验，从企业、银行、中介机构、担保公司四个维度构建知识产权金融运行的风险监测指标体系，供相关单位在知识产权金融工作中运用。

3. 完善政府知识产权金融引导机制

（1）建立小微企业信贷风险补偿基金。各知识产权金融试点地区要积极推动建立小微企业信贷风险补偿基金，对知识产权质押贷款提供重点支持。继续加大经费投入，通过贴息、保费补贴、担保补贴、购买中介服务等多种形式，深入推动知识产权金融服务工作健康快速发展。

（2）建立重点产业知识产权运营基金。浙江省可借鉴北京市、山东省的经验，建立浙江省重点产业知识产权运营基金。基金可以采取有限合伙的形式，由省、市、县（或高新园区管委会）三级财政投入政府引导资金，引导重点产业企业、知识产权服务机构和投资机构等投入社会资本。基金以阶段参股的方式向开展相应产业领域业务的知识产权运营基金进行股权投资，支持发起设立新的知识产权运营基金，并在约定的期限内退出；构建由产业知识产权联盟或知识产权运营机构运行管理的结构优良、布局合理的专利组合（专利池）项目。

4. 完善知识产权金融试点机制

（1）扩大知识产权金融试点范围。目前开展知识产权质押贷款试点的主要集中在环杭州湾各市与温州市，在浙中、浙西还未开展。专利保险试点范围更小，只有嘉兴的国家级试点和 6 家省级试点。建议知识产权质押贷款在全省所有设区市开展试点，专利保险也要尽早开始第二批试点。

（2）加强经验交流和工作宣传。各试点地区要认真做好本地区工作总结，加强地区间经验交流，不断优化工作模式；积极发挥舆论宣传的导向作用，组织媒体对知识产权质押融资、专利保险等工作进行报道，并通过召开新闻发布会和宣讲会、在政府网站设置专栏等形式，推广知识产权金融服务的政策、经验、成效及典型案例。

5. 设立知识产权金融服务促进计划项目

为推进知识产权金融服务工作，在省级层面，广东省和江苏省均设立了相应的计划项目。其中，广东省是"知识产权金融服务促进计划项目"，江苏省是"知识产权金融发展项目"。建议浙江省借鉴粤、苏两省经验，设立浙江省知识产权金融服务促进（发展）计划项目。建议计划项目的内容具体如下：①面向科技型中小微企业、海外留学创业人才组织专利质押融资、专利保险政策宣讲和实务培训，使其深入了解相关扶持政策、融资渠道、办理流程等信息；②以有专利的科技型中小微企业、海外留学创业人才为重点，定期开展专利权质押融资和保险需求调研，建立融资和保险需求项目数据库；③选择部分知识产权服务机构，组建知识产权金融服务团队，搭建银行业金融机构、保险公司和企业的对接平台，举办银企、保企对接活动；④推动当地银行业金融机构结合科技型中小微企业、海外留学创业人才实际需求，加大专利质押贷款推进力度；⑤推动当地保险公司加大专利执行保险、侵犯专利权责任保险推进力度，落地推广专利代理人职业责任保险、知识产权综合保险等新型险种。

第十三章　长三角关键技术协同攻关机制

2020年8月22日,习近平总书记主持召开扎实推进长三角一体化发展座谈会时指出:"三省一市要集合科技力量,聚焦集成电路、生物医药、人工智能等重点领域和关键环节,尽早取得突破。"[1] 作为全国高质量发展样板区、率先基本实现现代化引领区、区域一体化发展示范区和新时代改革开放新高地,长三角地区有必要也有能力完善关键技术协同攻关机制,建设以上海为中心的具有全球影响力的科技创新中心。[2]

一、长三角关键技术协同攻关的现状

长三角科技合作开展较早,尤其是2018年习近平总书记提出"支持长江三角洲区域一体化发展并上升为国家战略"以来,长三角三省一市采取积极行动,推进科技合作和关键技术协同创新。

(一)政府层面:联席会议、联合项目

2003年11月,在科技部的指导下,上海、江苏和浙江三地政府签署了《关于沪苏浙共同推进长三角创新体系建设协议书》(简称《协议书》),成为我国第一个省级政府间签订的共建区域创新体系

---

[1] 习近平主持召开扎实推进长三角一体化发展座谈会并发表重要讲话 [EB/OL]. 新华网, 2020-08-22.
[2] 本章内容根据笔者主持的浙江省发展和改革委员会长三角高质量一体化发展重点研究课题的成果《长三角关键技术协同攻关机制研究》改写而成。感谢浙江省发展改革委长三角处黄鸿鸿处长、浙江省科技厅合作处奚灵平处长,以及评审专家浙江省咨询委王东祥委员、浙江省发展和改革研究所原所长卓勇良研究员。

的协议。"长三角创新体系建设的联席会议"制度的确立，以及推动长三角区域创新体系建设的专项资金的设立，标志着长三角区域科技合作的组织和工作机制全面形成。

长三角科技联合攻关计划从2004年开始实施，每年由长三角区域创新体系建设联席会议办公室通过上海市、江苏省和浙江省科技部门，向全社会发布项目指南征集项目，并投入专项资金进行支持。从2010年开始，安徽省也参与科技联合攻关计划，并每年安排500万元专项资金和专门人员组织实施。三省一市科技部门相互协同，对申报项目进行相互备案，取得一定成效。

近年来，为增强创新氛围，激发创新活力，长三角三省一市均推出相关科技创新券政策。通过科技创新券政策，可使科技公共财政更好地满足中小微企业真实的研发需求。2018年之前，浙江省湖州市、嘉兴市与上海市合作，开展了科技创新券的跨区域共享工作。2019年11月15日，上海市杨浦区、江苏省常州市武进区、浙江省嘉兴市南湖区和安徽省合肥高新技术产业开发区四地，在杨浦签署《关于长三角双创示范基地联盟双创券通用通兑合作框架协议》，正式试点长三角科技创新券的通用通兑。

（二）社会层面：科技资源共享

科技资源共建共享是长三角关键技术协同创新的一个特色。2007年建成开通了长三角区域大型科学仪器设备共享协作网。2009年由上海市科技文献管理部门牵头，苏浙皖三省共同参与建设的长三角科技资源共享服务平台正式开通运行，三省一市企业由此可以跨省、跨库进行文献检索、下载。截至2021年，长三角地区共有大型科学仪器、科技文献、专业技术服务、资源条件保障（实验动物）、技术转移系统等五个科技资源共享平台。其中，长三角区域大型科学仪器设备共享协作网已整合区域内大型科学仪器设施35546台（套），大科学装置22个，服务机构2430个，科研基地2671个。

（三）产业层面：产业创新联盟

产业创新联盟是支持区域关键技术协同创新的重要形式。目前，长三角地区已经建立了长三角新材料产业发展战略联盟、长三角可再生能源产业联盟、长三角非织造产业联盟、长三角游艇产业发展联盟、长三角营养保健产业联盟、长三角机器人产业联盟、长三角文化创意产业联盟、长三角实验动物产业联盟、长三角产业互联网联盟、长三角汽车产业创新联盟、长三角氢能产业联盟、长三角五金机电产业联盟、长三角健康产业联盟、长三角人工智能发展联盟等产业联盟或创新联盟。这些联盟有许多为2018年长三角一体化上升为国家战略之后建立的。例如，2020年1月3日成立的长三角人工智能发展联盟，其目标是从政府、企业、行业组织三个维度，探讨共同打造长三角人工智能产业集群，营造协同化的智能生态环境，建设世界级人工智能应用场景。

二、长三角关键技术协同攻关存在的问题和难点

（一）关键共性技术供给原动力不足

目前，我国（包括长三角地区）关键共性技术创新能力薄弱，缺乏能有效带动和引领产业升级的关键共性技术知识产权。装备制造、电子通信、医药等战略性新兴产业急需的高端关键共性技术和科技通用装置进口率极高，约70%以上凭借引进技术和设备来推动科技优化升级。此外，凡触及生化、微电子等具有战略意义的高端装备制造领域的关键共性技术，发达国家一直对我国采取技术封锁政策。例如，2019年5月，美国商务部将华为等中国公司和机构加入了"实体清单"，随后又在10月将长三角地区的海康、大华、旷视等公司列入清单。由此可见，我国（包括长三角地区）关键共性技术研发能力不足的问题亟待解决。

（二）关键共性技术供给体系缺乏顶层设计

在长三角区域，省级层面上，三省一市具有各自的科技重大专项或

重点研发计划（产业前瞻与关键核心技术）项目，明确了关键共性技术的重要性和待研发的关键共性技术。但在长三角区域层面，三省一市联合攻关项目开展较少。而且已开展的联合攻关项目主要聚焦于区域内的民生保障、公共安全、生态治理等领域，近年来还没有产业领域的关键技术联合攻关项目。由此可见，长三角关键共性技术的供给还未形成具有基础性和导向性的长远战略体系，缺乏战略部署。

（三）财政科技投入不足，配套措施不力

科技合作计划是长三角关键技术协同创新的一个重要政策工具，但是三省一市在科技合作方面都没有建立相应的财政预算制度，科技管理部门也没有设立专门的计划予以支持，区域科技合作所需的专项经费是从已有的科技计划预算中"挤占"出来的，必然造成合作项目经费投入不足。自2004年开展联合攻关以来，两省一市（江苏省、浙江省、上海市）在科技合作方面投入的资金非常有限。《长三角科技合作三年行动计划（2008—2010年）》提出要设立由两省一市政府共同出资的长三角自主创新共同资金，但至今没有设立。当前，三省一市中只有上海市每年投入1000万元，开展"科技创新行动计划"长三角科技联合攻关领域项目研究，安徽省对外科技合作计划中有长三角科技联合攻关项目，每年安排500万元专项资金。科技合作计划每年投入经费只占区域研发总投入的万分之几，占政府财政科技投入的比例也只有千分之几，对促进区域科技创新的作用非常有限。

另外，科技合作计划缺少可操作的实施办法，在鼓励技术引进消化吸收再创新、支持跨区域产学研创新网络建设、支持中小型科技企业参与联合攻关、知识产权共享与技术扩散等方面都没有相应的规定和政策导向。

三、完善长三角关键技术协同攻关机制的对策建议

2020年12月，科技部发布了《长三角科技创新共同体建设发展规划》。该规划提出，推动长三角地区高校、科研机构、企业强强联

合，聚焦集成电路、新型显示、人工智能、先进材料、生物医药等重点领域，联合突破一批关键核心技术，形成一批关键标准，解决产业核心难题。要实现这一目标，建议从以下几方面着手。

(一) 明确长三角关键技术协同攻关的总体思路

坚持以习近平新时代中国特色社会主义思想为指导，对标习近平总书记赋予长三角地区的新目标、新定位，坚定走中国特色自主创新道路，坚持制度创新和科技创新双轮驱动，面向世界科技前沿、面向经济主战场、面向国家重大需求，以超常规举措打造创新策源优势、产业创新优势和创新生态优势，全面构建具有全球影响力的全域创新体系，以集成电路、人工智能和生物医药产业关键核心技术为突破重点，完善科技攻关投入机制、政产学研合作机制和地区协同机制，全面增强自主创新能力，以创新链带动产业链发展，形成具有全球竞争力的标志性产业链，使长三角地区成为我国建设世界科技强国、育新机开新局的中坚力量。

(二) 完善长三角关键技术协同攻关机制

1. 建立长三角关键技术协同攻关的部区会商制度

(1) 尽快建立长三角关键技术协同攻关的科技部-长三角部区会商制度，并逐步推动发展改革、财政等国家部（委）参与，形成部（委）-长三角会商制度，强化国家部（委）对长三角科技创新发展的指导和支持，协调解决长三角科技政策制定、重大科技专项实施、重点产业发展中的关键问题。

(2) 制定《推进长三角地区创新驱动发展指导意见》。争取由科技部牵头，国家有关部委参与，三省一市相关部门联合起草，进一步明确长三角地区在全国科技发展和产业分工中的定位，重点要在科技政策、重大科技专项、科技投入等方面体现对长三角地区给予优先支持，支持长三角建设富有活力的世界创新城市群。

(3) 制定专项规划。建议由科技部会同有关部委及长三角三省一市制定《长三角协同发展科技创新专项规划》。长三角地区三省一市科技主管部门联合制定《长三角科技合作三年行动计划（2021—2023年）》。

2. 完善长三角关键技术协同攻关的投入机制

（1）争取设立长三角区域联合科创基金。将目前的长三角联合攻关资金扩充调整为长三角科技合作基金，三省一市各出1亿元，资金规模达4亿元，重点围绕国家战略和长三角经济社会发展的重大需求，承担大飞机、大规模集成电路、新药创制等重大科技专项，支持在电子信息、生物医药、人工智能、"互联网+"等若干战略领域开展联合攻关，显著增强长三角自主创新能力。

（2）加大对科技合作的财政投入力度。长三角科技合作基金设立之前，加大对科技合作的财政投入力度，争取达到每年占长三角地区三省一市科技经费的1%。

（3）鼓励社会资金投入。2017年2月6日，科技部公告了国家科技成果转化引导基金出资的创业投资子基金的情况。其中，规模10亿元的国投京津冀科技成果转化创业投资基金重点服务京津冀科技成果转移转化协同发展。长三角地区目前已有新能源汽车科技创新（合肥）股权投资合伙企业（有限合伙）、上海高特佳懿海投资合伙企业（有限合伙）、苏州瑞华投资合伙企业（有限合伙）等国家科技成果转化引导基金设立的创业投资子基金，完全有条件在适当的时间设立长三角科技成果转化创业投资基金和长三角产业协同发展投资基金。应充分发挥财政资金的杠杆和引导作用，带动金融资本和民间资本向科技成果转化集聚，进一步完善多元化、多层次、多渠道的科技投融资体系。

3. 完善长三角关键技术协同攻关的地区协同机制

除了设立长三角区域联合科创基金外，长三角关键技术协同攻关的地区协同机制还包括：①科技项目联合攻关机制，三省一市联合发布长三角关键技术协同攻关重点项目；②科技政策互动机制，探索在长三角地区实现高新技术企业互认备案，在众创空间、孵化器等认定方面形成互通机制，实现科技成果处置收益统一化等；③科技资源共享机制，进一步提高科研基础设施、科学仪器设备、科学数据平台、科技文献、知识产权和标准等各类科技资源的共享和服务能力。

4. 完善长三角关键技术协同攻关的政产学研合作机制

（1）发挥政府的引导作用。政府在原始技术创新方面可以进一步加大投入，组织重大项目攻关，引导技术攻关方向；同时政府要出台政策鼓励产学研合作，尤其是出台成果转化方面的政策。

（2）加大对高校科技成果管理部门的投入和管理，搭好成果转化的桥梁。高校都有科研成果转化部门，应该加大对这些部门的人力、财力、精力投入，通过对学校老师科研成果的深层摸底，掌握其研究成果，从而使成果走出学校，走向企业院所。同时，部门、院系管理人员应该发挥桥梁作用，积极保持与企业、科研人员的沟通和联系，把问题带进来，把成果带出去，做好过程管理，真正做到互通有无、合作双赢。

（3）以项目为牵引，加强科技人才队伍建设，激发科研动力。在政产学研合作过程中，要以项目为牵引，实现合作双方科研人员交流形式多样化。例如，高校与地方、企业互派人员挂职，教授柔性进企业，企业技术骨干在高校开展技术培训讲座。这些都是实现政产学研紧密合作的有效有段，能带来新的发展机遇。

（4）企业要积极寻求与高校和科研单位的合作。既可以采取"揭榜制"，发布科技需求项目信息；也可以采取与高校和科研机构开办联合实验室、引进柔性教授、设置博士后工作站等多种形式，与高校和科研机构一起解决技术难题，突破关键技术。

（三）以创新链带动产业链，形成具有全球竞争力的标志性产业链

突破关键技术的目的是形成具有竞争力的产业链。长三角地区要围绕集成电路、人工智能和生物医药等领域开展关键技术攻关，提升产业竞争力，努力形成具有全球竞争力的六大标志性产业链。

第十三章 长三角关键技术协同攻关机制

（1）集成电路产业链。突破第三代半导体芯片、专用设计软件（电子设计自动化工具等）、专用设备与材料等技术，前瞻布局毫米波芯片、太赫兹芯片、云端一体芯片，打造国内重要的集成电路产业基地。形成以上海、南京、无锡、苏州、杭州为核心，宁波、绍兴、湖州、嘉兴、金华、衢州等地协同发展的产业布局。

（2）网络通信产业链。补齐通信芯片、关键射频器件、高端光器件等领域技术短板，做强新型网络通信设备制造、系统集成服务，打造世界先进的网络通信产业集聚区、创新应用引领区。形成以上海、南京为核心，杭州、合肥、嘉兴、宁波等地协同发展的产业布局。

（3）智能计算产业链。做强芯片、存储设备、服务器等关键产品，补齐操作系统短板，推动高性能智能计算架构体系、智能算力等取得突破，构建智能计算产业生态。形成以上海、苏州、杭州为核心，合肥、无锡、宁波、嘉兴、金华等地协同发展的产业布局。

（4）数字安防产业链。突破图像传感器、中控设备等关键零部件技术，补齐芯片、智能算法等技术短板，加快人工智能、虚拟/增强现实等技术融合应用，打造全球数字安防产业中心。形成以杭州为核心，上海、合肥、无锡、宁波、嘉兴、绍兴等地协同发展的产业布局。

（5）智能装备产业链。聚焦工业机器人、数控机床等重点领域，突破关键核心部件和系统等的断链断供技术，打造国内知名的智能装备产业高地。形成上海、南京、杭州、合肥、苏州、无锡、常州、南通、宁波、湖州、嘉兴、绍兴、台州、滁州等地协同发展的产业布局。

（6）生物医药产业链。突破发展生物技术药、化学创新药、现代中药，创新医疗器械等技术，打造具有国际竞争力的生物医药创新制造高地、全国重要的医疗器械产业集聚区。形成以上海、杭州为核心，合肥、南京、苏州、泰州、宁波、湖州、嘉兴、亳州等地协同发展的产业布局。

（四）加大人才引进力度

为了促进区域性的科技合作和技术转移，必须建立、完善科技人才自由流动制度。三省一市人事管理部门、房产管理部门、户籍管理部门、医疗卫生管理部门、社会保障管理部门、科技行政管理部门、教育管理部门等应联合制定相关的统一政策，以全方位地保障科技人才根据个人发展的需要以及区域科技事业发展的需要充分自由地流动。不论流动到长三角何处，都能立即办理人事管理手续，立即安居乐业，拥有居住证，享受医疗卫生方面的政策，同时养老保险得到顺利落实，技术职称及各种专业资质都能得到认定，子女的入托、教育、就业问题根据区域统一政策得到顺利解决。只有这样，科技人才的知识、智慧、才干、积极性和热情才能得到充分的调动和发挥，形成人尽其才、才尽其用的大好局面，知识分子才能消除一切后顾之忧，为提高长三角的整体科技竞争力及推进区域创新体系建设贡献自己的全部力量。

（五）打造国际化创新平台

（1）依托国家实验室、国家重点实验室等，探索建立基础性交叉融合创新平台，实现优势互补，提升实验室建设水平和运行效率。

（2）在数字经济和新一代信息技术、高端装备制造、生命健康、绿色技术、新能源、智能交通等领域，瞄准世界科技前沿和产业制高点，引导相关龙头企业和研发机构采取技术引进和技术合作等多种形式，共建国际化创新平台。鼓励知名科学家、海外高层次人才创新创业团队、国际著名科研机构和高等院校、国家重点科研院所和高等院校在长三角地区发起设立专业性、公益性、开放性的新型研发机构，最高可给予10亿元的财政支持。支持新型研发机构开展研发创新活动，具备独立法人条件的，按照其上年度非财政经费支持的研发经费支出额度给予不超过20%的奖励（单个机构奖励不超过5000万元）。

参考文献

[1] 习近平. 以科学发展观指导浙江新发展 [J]. 经济管理, 2004 (1).

[2] 习近平. 干在实处 走在前列——推进浙江新发展的思考与实践 [M]. 北京：中共中央党校出版社, 2006.

[3] 马伯格. 美国创新体系的优势 [N]. 全球科技经济瞭望, 2004 (12).

[4] 张昌彩. 我国技术引进的问题与对策 [J]. 中国科技成果, 2005 (12).

[5] 盛垒. 国外创新型国家创新体系建设的主要经验及其对我国的重要启示 [J]. 世界科技研究与发展, 2006 (10).

[6] 余翔, 周莹. 日本创新政策演变的系统特性及其启示 [J]. 科技管理研究, 2009 (8).

[7] 樊春良. 奥巴马政府的科技政策探析 [J]. 政策与管理研究, 2009 (24).

[8] 许艳华. 战后日本科技政策的三次转向及对中国的启示 [J]. 山东经济, 2011 (6).

[9] 徐光耀, 宋卫国. 2011—2012 全球竞争力指数与中国的创新型国家建设 [J]. 中国科技论坛, 2012 (7).

[10] 国务院国际经济技术研究所. 国际科技发展报告（2012）[J]. 经济研究参考, 2013 (19).

[11] 马欣员. 美国科技政策发展模式及对我国创新型国家建设的启示 [J]. 延边大学学报（社会科学版）, 2014 (1).

[12] 王焕焕. 日本长期以来基于技术创新的制度基础分析 [J].

时代经贸，2014（3）.

［13］徐男平，洪银兴，刘志彪. 创新型省份与江苏的探索［M］. 南京：南京大学出版社，2015.

［14］谈力，李栋亮. 日本创新驱动发展轨迹与政策演变及对广东的启示［J］. 科技管理研究，2016（5）.

［15］周国辉. 第一动力——科技创新思想与浙江实践［M］. 杭州：浙江人民出版社，2016.

［16］张耀方. 综合性国家科学中心的内涵、功能与管理机制［J］. 中国科技论坛，2017（6）.

［17］李昕. 美国联邦政府鼓励区域创新集群的政策分析［J］. 全球科技经济瞭望，2017（7）.

［18］钱智，史晓琛，骆金龙. 提升张江综合性国家科学中心集中度和显示度研究［J］. 科学发展，2017（11）.

［19］田杰棠. 坚持开放创新 借鉴美国创新体系经验［J］. 现代国企研究，2017（17）.

［20］郑茜，王倩. 美国制造业创新中心的建设经验及启示［J］. 科技创新发展战略研究，2018（1）.

［21］王立军，范国强. 完善区域知识产权金融服务推进机制的对策［J］. 科技管理研究，2018（1）.

［22］德国亥姆霍兹联合会. 德国国家实验室体系的发展历程——德国亥姆霍兹联合会的前世今生［M］. 北京：科学出版社，2018.

［23］叶茂，江洪，郭文娟，等. 综合性国家科学中心建设的经验与启示——以上海张江、合肥为例［J］. 科学管理研究，2018（4）.

［24］苏晓. 德国创新体系特征及其启示［J］. 管理观察，2018（31）.

［25］胡智慧，王溯. "科技立国"战略与"诺贝尔奖计划"——日本建设世界科技强国之路［J］. 中国科学院院刊，2018（5）.

[26] 王子丹，袁永．国际科技创新走廊研究及对广东发展的启示［J］．科技管理研究，2018（12）．

[27] 浙江省人民政府办公厅．关于加快生命健康科技创新发展的实施意见（浙政办发〔2019〕65号）［Z/OL］．浙江省人民政府网，2019-12-27．

[28] 江苏省科协技术厅．创新，引领发展的第一动力：江苏创新型省份建设的探索与实践［M］．南京：江苏人民出版社，2019．

[29] 毛朝梁，鹿艺．科研计划项目"揭榜制"国内外做法与启示［J］．科技发展研究，2020（5）．

[30] 王立军，王书宇．四大综合性国家科学中心建设做法及启示［J］．杭州科技，2020（6）．

[31] 余江，陈凤．把握新基建机遇 培育未来科技创新领军企业［N］．科技日报，2020-06-19．

[32] 广东省科学技术厅．2019年科技工作总结及2020年科技工作重点［EB/OL］．广东省科技厅网，2020-07-30．

[33] 贾中华，张喜玲．高水平推动综合性国家科学中心建设研究［J］．中国发展，2020（5）．

[34] 王成成．北京、上海建设综合性国家科学中心的政策分析及对合肥的经验启示［J］．安徽科技，2020（8）．

[35] 赵长伟，段姗．我省谋划建设新材料世界科技创新高地的战略思考［EB/OL］．智江南，2020-08-06．

[36] 李国平，杨艺．打造世界级综合性国家科学中心［J］．前线，2020（9）．

[37] 刘毅，周振江，段艳红，等．推进粤港澳大湾区三地科技创新规则衔接的思路与建议［J］．科技调研报告，2020（9）．

[38] 李红兵．合肥综合性国家科学中心建设现状与对策建议［J］．科技中国，2020（4）．

[39] 李志遂，刘志成．推动综合性国家科学中心建设 增强国家

战略科技力量 [J]．宏观经济管理，2020（4）．

[40] 崔宏轶，张超．综合性国家科学中心科学资源配置研究 [J]．经济体制改革，2020（2）．

[41] 张淑萍．南京创建综合性国家科学中心的基础、成效和战略思考 [J]．科技中国，2020（10）．

[42] 黄寿峰．准确把握新型举国体制的六个本质特征 [J]．国家治理，2020（42）．

[43] 浙江省人民政府办公厅关于印发浙江省科技企业"双倍增"行动计划（2021—2025 年）的通知 [Z/OL]．浙江省政府网，2021-01-19．

[44] 冯飞，沈方英．浙江2020年专利质押融资金额达401.07亿元，位居全国第一 [EB/OL]．中国知识产权资讯网，2021-01-20．

[45] 江苏省科学技术厅．省科技厅部署"十四五"及2021年全省科技创新工作 [EB/OL]．江苏省科技厅网，2021-01-25．

[46] 杜婷．深圳加快构建全过程创新生态链 [N]．深圳晚报，2021-03-07．

[47] 浙江省人民政府办公厅关于加强技术创新中心体系建设的实施意见 [Z/OL]．浙江省政府网，2021-03-12．

[48] 徐苏涛，于静怡．新型研发机构顶层设计：最佳实践与创新精要 [EB/OL]．GEI新经济瞭望，2021-03-15．

[49] 王秦．加快建设科技强省 塑造创新驱动发展新优势 [J]．群众，2021（3）．

[50] 曹新安．打造生命健康科创高地的实践与思考 [J]．人民论坛，2021（3）．

后　记

本书是有关浙江省科技创新的系列课题的研究成果。感谢浙江省政府研究室诸位领导、浙江省创业投资协会邱飞章副会长和顾斌秘书长、浙江省发展和改革委员会长三角处黄鸿鸿处长、浙江省科技厅合作处奚灵平处长、浙江省市场监管局李宗保副处长、中共嘉善县委推进县域科学发展示范点建设办公室倪妮主任和于红弟副主任、嘉善县发展和改革局陶红亚局长等对课题研究的指导；感谢上海科技政策研究所所长杨耀武研究员、浙江理工大学廖中举教授、中共安徽省委党校王泽强教授、江苏省科学技术战略发展研究院商丽媛副研究员等对课题调研的支持和帮助；感谢课题合作者中共浙江省委党校潘家栋副教授和孙雪芬副教授，浙江省科技信息研究院张娟所长、刘信所长及姚笑秋、王紫露助理研究员；感谢中共浙江省委党校经济学研究生范国强、史志辉和王书宇，他们参加课题调研，并帮助笔者收集整理研究资料。

本书是对浙江省科技创新的一个实证研究。在研究过程中，参考和引用了浙江省人民政府及相关部门的有关文件，已经在注释和参考文献中列出，如果还有遗漏，敬请谅解。

由于笔者学识有限，书中不当之处在所难免，望读者不吝批评指正。

王立军
2021 年 6 月